내일 죽는
행복한 왕자

내일 죽는 행복한 왕자

| 스토리로 읽는 하이데거 철학 |

야무차 지음 ㅣ 남소현 옮김

BOOK PLAZA

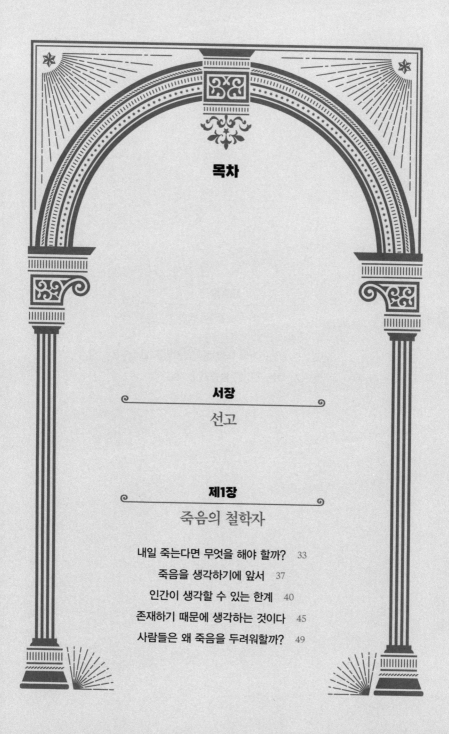

목차

서장
선고

제1장
죽음의 철학자

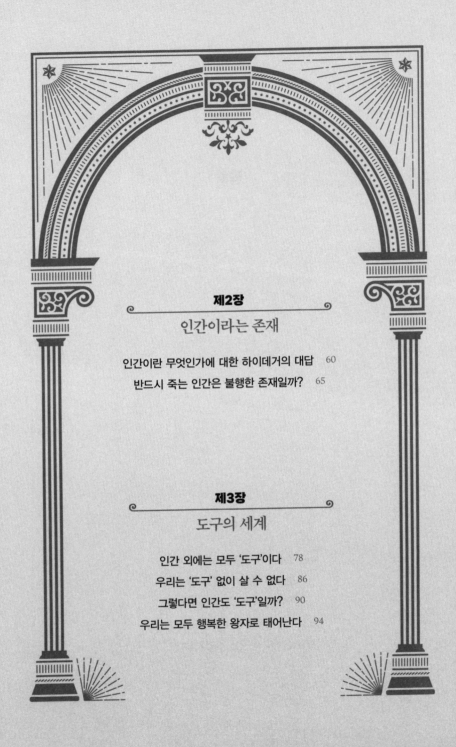

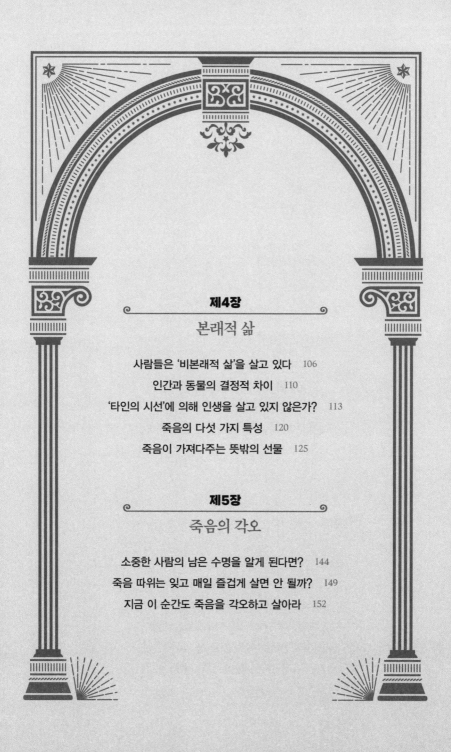

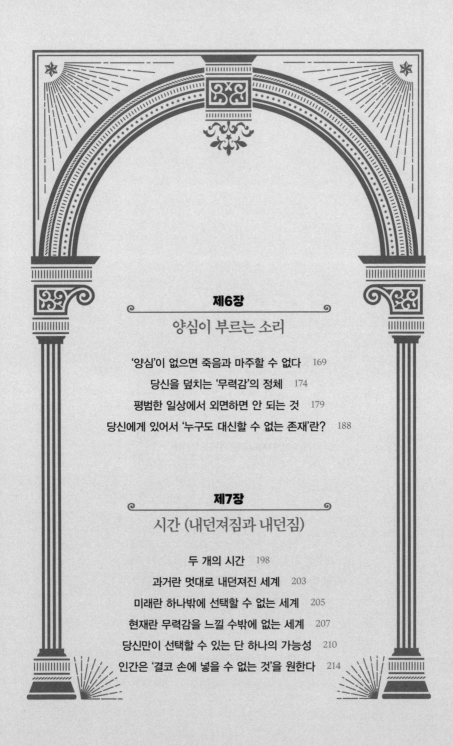

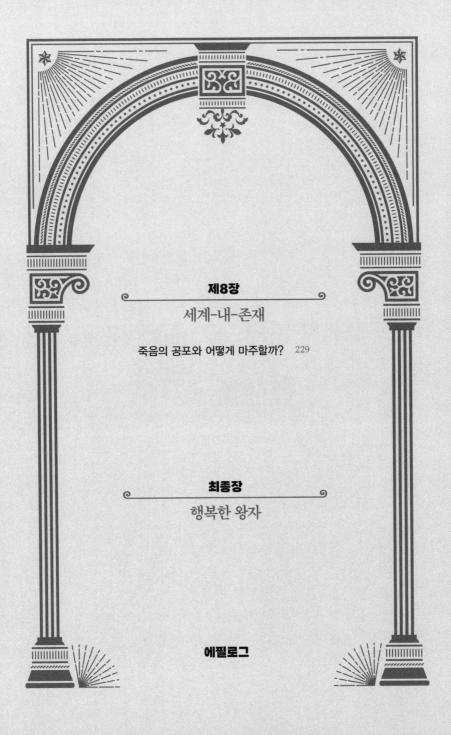

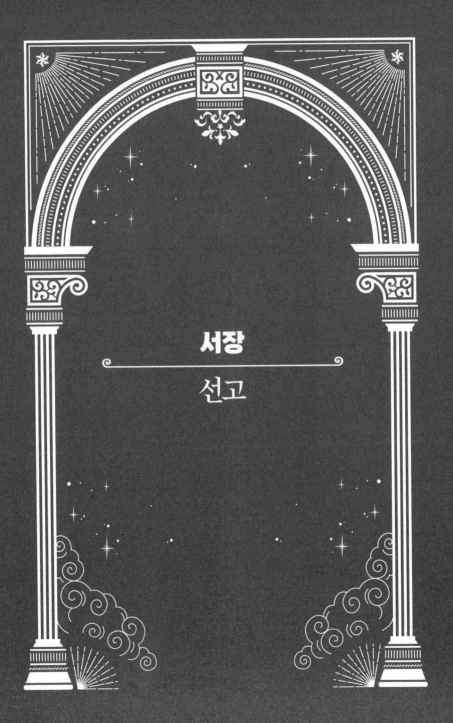

서장

선고

"왕자님, 아뢰옵기 황공하오나 왕자님은 내일 죽습니다."

주치의의 갑작스러운 선고에 오스카 왕자는 눈앞이 캄캄해졌다. 충격과 절망으로 심장 박동이 느려지면서 밀어 올리는 힘을 잃은 피가 머리에서 폭포처럼 쏟아지는 것이 느껴졌다.

창백한 얼굴로 비틀거리는 오스카를 보고 이 나라 최고의 명의인 주치의는 서둘러 말을 덧붙였다.

"아아, 죄송합니다. 저도 당혹스러워서 말이 헛나왔습니다. 정확하게 다시 말씀드리자면, '왕자님은 내일 죽을지도 모른다'라는 겁니다. 그러니까 내일 죽지 않을 가능성도 있습니다만 그게…"

주치의가 말끝을 흐렸다. 하지만 이내 결심한 듯 또렷한 어조로 이렇게 말했다.

"왕자님이 죽을지도 모르는 그 내일은, 늦어도 '한 달' 안에는 반드시 찾아옵니다."

표현을 어떻게 바꾸어 본들 결론은 같다.

남은 인생 한 달.

"웃기지 말게! 그게 무슨 말도 안 되는 소리란 말인가!"

오스카는 저도 모르게 버럭 소리를 질렀지만 사실은 주치의의 진단에 짚이는 바가 없지 않았다. 진찰을 받기 위해 상의를 벗고 있던 오스카는 고개를 돌려 자신의 왼쪽 어깨를 내려다보았다. 그곳에는 거무죽죽한 보랏빛을 띤, 엄지손가락 크기의 작은 혹이 나 있었다.

사흘 전, 숲에서 사냥을 하던 오스카는 나무 그늘에서 잠시 휴식을 취하다가 그대로 잠이 들었다.

갑자기 어깨에 날카로운 통증이 느껴졌다. 비명을 지르며 눈을 뜨니 새까만 전갈이 왼쪽 어깨에 앉아 있었다. 기겁해서 고래고래 소리를 지르며 미친 듯이 몸을 흔들자 튕겨 나간 전갈은 허공으로 날아올랐다가 '툭'하고 땅에 떨어지더니 아무 일도 없었다는 듯이 유유히 수풀 속으로 사라졌다.

공포에 사로잡힌 오스카는 울상이 되어서 부들부들 떨며 통증이 느껴졌던 곳을 살펴보았다. 이 나라에서 검은 전갈에게 쏘인다는 것은 곧 죽음을 의미했기 때문이다.

어깨에는 쏘인 자국이 선명하게 남아 있었다. 하지만 상처가 부어오르지도 않았고 별다른 증상도 나타나지 않았다.

"아, 다행이다. 독이 있는 꼬리에 쏘인 건 아닌가 보네."

오스카는 혼잣말처럼 중얼거리며 안도의 한숨을 내쉬었다.

그로부터 사흘이 지나고—.

아침에 눈을 뜬 오스카는 전갈에게 쏘인 자리가 보랏빛으로 변해 혹처럼 부풀어 오른 것을 발견했다.

"뭐지 이건?"

그 순간 까맣게 잊고 있던 검은 전갈에 관한 기억이 되살아났다.

당황한 오스카는 허겁지겁 주치의에게 달려갔다. 진료실 앞에서 차례를 기다리던 환자들과 진찰 중인 환자까지 모조리 쫓아내고 진찰을 받은 결과, 지금과 같은 상황에 이르게 된 것이다.

"나를 치료할 방도는 없는 건가? 약은? 해독제가 있을 것 아닌가! 아무리 비싸도 상관없으니 약이 있다면 말을 해 보게! 폐하께 부탁드리면 반드시 구해 주실 테니!"

"죄송하지만 왕자님, 아시다시피 검은 전갈의 독을 치료하는 해독제는 없습니다."

"그럼 수술은? 수술로 이 혹을 도려내면 나을 수도 있지 않은가!"

주치의는 고개를 저었다.

"죄송하지만 왕자님, 독이 이미 몸속 깊은 곳까지 퍼진 상태입니다. 혹 바로 옆에 심장으로 이어지는 혈관이 지나고 있어서 혹을 도려내는 것도 불가능합니다."

그 말을 들은 오스카는 충동적으로 주치의의 멱살을 움켜쥐고 욕설을 퍼부었다.

비난, 질책, 명령, 협박.

하지만 아무리 다그쳐도 시종일관 어쩔 도리가 없다는 표정으로 일관하는 상대를 보고 그제야 오스카도 깨달았다.

정말로 방법이 없다는 것을.

죽을 수밖에 없는 운명이라는 것을.

어느샌가 욕설은 오열로 바뀌었다.

또각, 또각.

오스카는 무거운 발걸음으로 구두 굽 소리를 울리며 복도를 걸어갔다.

호화로운 궁전이었다. 담쟁이덩굴 모양의 정교한 금장식으로 꾸며진 벽과 얼굴이 비칠 정도로 잘 닦인 진주 같은 바닥이 끝이 보이지 않을 정도로 길게 이어져 있었다.

"후…."

이곳, '상수시(Sans Souci) 궁전'의 이름에는 '근심 없는'이라는 뜻이 담겨 있었다. 하지만 오스카는 장소에 어울리지 않게 근심이 가득한 얼굴로 깊은 한숨을 내쉬었다. 그러다가 문득 발걸음을 멈추고 조금이라도 시름을 달래 보고자 하는 마음으로 창밖을 내다보았다. 창 너머에는 따사로운 봄볕이 내리쬐는 가운데 색색의 꽃들이 흐드러지게 핀 아름다운 정원이 펼쳐져 있었다.

오스카에게는 일상적인 풍경이었기 때문에 한 번도 신경 써서 살펴본 적은 없지만 사실 이 정원에는 이상한 점이 하나 있었다. 바로 낙엽이 떨어져 있지 않다는 것이었다. 낙엽뿐만 아니라 땅에 떨어진 꽃잎 한 장 찾아볼 수 없었다. 왕자에게는 아름다운 것만 보여 주고 싶다는 국왕의 뜻에 따라 꽃이 질 것 같으면 바로 꺾어 버렸기 때문이다.

오스카는 정원을 내려다보며 또다시 크게 한숨을 내쉬었다. 그러고는 창문에서 멀어져 다시 복도를 걸어가기 시작했다. 또각또각 구두 굽 소리가 울려 퍼졌다. 오스카는 걸음을 옮기며 머릿속으로 주치의가 한 말을 떠올렸다.

'왕자님은 내일 죽을지도 모릅니다.'
'왕자님이 죽을지도 모르는 내일은 늦어도 한 달 안에는 반드시 찾아옵니다.'

'한 달 안에 죽는다고? 내가? 그런 말도 안 되는 일이 어디 있단 말인가!'

오스카는 현기증이 날 정도로 강한 분노에 사로잡혀 죽음을 상상해 보았다. 머릿속에 떠오른 것은 새까만 암흑. 아무것도 생각할 수 없고 아무것도 느낄 수 없는 '무'의 상태가 영원히 이어지는 것이었다.

몸이 부르르 떨렸다.

그것은 '무'라는 표현으로는 부족하다고 느껴질 정도로 절대적인 무, 그야말로 '아무것도 없는 상태'인 것이다. 끝이 존재하지 않는 '무'라는 이름의 심연으로 끌려 들어가는 감각이 오스카에게 엄청난 공포심을 불러일으켰다.

'사라진다. 모든 게 다 사라지는 것이다. 인생의 수많은 추억도, 눈앞에 닥친 이 현실도, 내가 사라진다는 감각도. 나와 관련된 모든 것이 영원히 소멸하여 두 번 다시 살아나지 않는 것이다.

그렇다면―,

내 인생에는 대체 무슨 의미가 있다는 말인가.

어차피 모든 것이 사라져 버리는 거라면,

어떻게 살든 결국에는 아무것도 남지 않는다면,

인생 그 자체가 무의미하다는 말 아닌가.'

"아니, 오스카 왕자님 아니십니까?"

그때 복도 반대편에서 화려한 옷으로 온몸을 휘감은 남자가 나타났다. 이 나라의 대신이었다. 대신은 다소 과장된 동작으로 왕자에게 허리 굽혀 인사한 다음 아첨을 늘어놓기 시작했다.

"왕자님은 오늘도 변함없이 아름다우시군요. 실은 조금 전 여신의 노랫소리처럼 감미로운 선율이 들려와서 소리가 나는 곳을 향해 가던 참이었습니다. 마치 꽃을 찾아 날아드는 꿀벌처럼 홀린 듯 이쪽으로 발걸음이 향하지 뭡니까. 그 소리의 정체는 아무래도 왕자님의 아름다운 구두에서 나는 소리였던 모양입니다, 하하."

대신은 그 자리에서 무릎을 꿇고 오스카의 구두를 선망에 찬 시선으로 바라보았다.

부왕의 바람대로 평생 아름다운 것만 보고 자란 오스카는 수

많은 보석을 박아 넣은 값비싼 구두를 신고 있었다. 그중에서도 가장 큰 자랑거리는 구두코에 달린 커다란 푸른색 사파이어였다. 그리고 뒷굽에 붙인 금으로 된 판이 걸을 때마다 큰 소리를 내서 사람들의 시선이 자연스럽게 구두에 쏠리도록 했다. 물론 구두 굽에서 나는 소리는 단순히 금속이 지면에 부딪히는 소리에 불과했고, 결코 여신의 노랫소리나 아름다운 선율 같은 것이 아니었다. 조금 전 대신이 한 말은 입에 발린 소리에 불과했다.

"왕자님, 오늘도 멋진 파티를 준비해 놓았습니다. 괜찮으시다면 제가 연회장까지 모셔가도 될까요?"

"파티라고?"

오스카는 눈살을 찌푸렸다.

'내가 내일 죽을지도 모르는데, 그런데 지금 눈앞에 있는 이 자는 어찌 이리 태평하게 웃고 있을 수 있단 말인가.'

사실 왕자가 죽음을 선고받았다는 사실을 모르는 대신으로서는 지극히 당연한 행동이었다. 하지만 오스카에게는 그것이 말도 안 되게 부조리하게 느껴졌다.

오스카는 대신의 안내를 받아 연회장에 도착했다. 그곳에서는 아직 낮인 것이 믿기지 않을 정도로 성대한 파티가 열리고 있었다.

테이블 위는 산해진미로 가득했고 값비싼 술이 잔에서 흘러넘

치고 있었다. 그 주변으로 휘황찬란한 드레스를 입은 미녀들과 화려한 보석으로 치장한 귀족들이 음악에 맞추어 서로 끌어안고 춤을 추고 있었다.

세상의 온갖 사치와 향락을 모아놓은 듯한 이러한 광경은 오스카에게는 일상이나 다름없었지만 오늘은 달랐다. 시끌벅적한 파티 분위기 속에서 자기만 쏙 빠진 듯한 기분이 들었다.

"왕자님."

대신이 속삭이듯 오스카를 부르며 눈짓으로 신호를 보냈다. 시선을 옮기자 그곳에는 눈부시게 아름다운 여인이 서 있었다. 궁전 파티에 부르기 위해 오래전부터 공을 들인 무희였다. 그녀가 오스카를 쳐다보며 미소 짓고 있었다. 마음만 먹으면 가까이 불러서 끌어안을 수 있을지도 모른다. 그러나―,

'내일 죽는다면 그게 다 무슨 소용이란 말인가?'

오스카는 발끝을 내려다보았다. 구두코에 달린 푸른색 사파이어가 아름답게 빛나고 있었다. 1천 년 전 인도에서 발견된 국보급 보석이었다. 지금 이 연회장 안에서 이렇게 큰 보석을 지니고 있는 사람은 아무도 없었다. 하지만 설령 이보다 훨씬 더 큰 보석을 손에 넣는다 한들, 그 보석을 몸에 지니고 수많은 사람들로부터 선망의 시선을 받는다 한들―,

'내일 죽는다면 그게 다 무슨 소용이란 말인가?'

오스카는 모든 것이 의미 없게 느껴졌다. 귀족들의 몸에 걸쳐진 화려한 의상이며 장신구가 다 말라비틀어진 나무토막처럼 쓸모없고 무의미한 쓰레기로 보였다.

구역질이 치밀어올랐다.

안색이 파리해진 왕자를 보고 대신이 말했다.

"이런, 왕자님, 술을 너무 많이 드신 것 같습니다. 오후에는 산책이라도 하면서 바깥 공기를 좀 쐬는 게 좋겠는데요. 사냥은 어떠하십니까? 도망치는 사냥감의 숨통을 한방에 콱 끊어 버리는 쾌감은 남다르니까요."

"사, 냥…?"

사냥에 관해서는 안 좋은 기억밖에 없었다. 하지만 오스카는 고개를 끄덕였다. 가보고 싶은 곳이 있었기 때문이다.

오후가 되어 일행과 함께 사냥터에 도착한 오스카는 곧장 나무 그늘로 향했다. 검은 전갈에게 쏘인 바로 그 장소였다.

"혼자 있고 싶군."

대신은 왕자의 갑작스러운 요구에 의아한 표정을 지었지만 어딘지 모르게 평소와 달라 보이는 왕자의 심기를 건드리지 않으려고 다른 신하들을 데리고 숲으로 사라졌다.

오스카는 잎이 무성한 거목 아래 우두커니 서 있었다. 물론 이

내일 죽는 행복한 왕자

런다고 해서 문제가 해결되지 않는다는 것은 알고 있었지만 그래도 어쩌면 전갈에게 쩔린 기억이 꿈은 아니었을까, 이곳에서 그 증거를 찾을 수 있지 않을까, 하는 헛된 희망을 버릴 수가 없었다. 그런 실낱같은 희망에 매달리는 것 외에는 할 수 있는 일이 아무 것도 없었다.

그때, 가까이에서 바스락대는 소리가 나더니 나무 옆 덤불이 흔들거렸다.

깜짝 놀란 오스카는 반사적으로 소리가 들려온 쪽을 향해 활을 겨누었다.

"쏘, 쏘지 마세요!"

다급한 목소리와 함께 누군가가 덤불 밖으로 뛰쳐나왔다. 낡고 더러운 누더기를 걸친 여자였다.

"뭐야, 거지인가? 왜 이런 곳에 있지?"

이곳은 왕가의 사냥터이기에 평민이 여기까지 들어오는 것은 엄연한 위법 행위였다.

"저…, 그러니까…, 숲에 오면 먹을 게 있지 않을까 싶어서….."

"그런가, 하지만 이 숲은 왕가의 사유지이고 여기 있는 모든 것은 전부 왕가의 재산이다. 지금 넌 그걸 훔치겠다고 말한 셈이니 당연히 사형당할 각오는 되어 있는 거겠지?"

오스카는 여자를 겨냥한 상태에서 활시위를 뒤로 잡아당겼다.

여자가 그 자리에 털썩 주저앉았다.

"제발 용서해 주세요! 동생이 병에 걸려 죽어가고 있습니다! 뭐라도 먹을 걸 가지고 돌아가야만 한다는 생각에 그만…. 잘못했습니다. 간곡히 부탁드리오니 이번 한 번만 눈감아 주세요!"

여자는 오스카의 발치에 엎어져서 땅바닥에 연신 머리를 조아리며 애원했다.

'더럽고 추하다.' 오스카는 여자를 내려다보며 생각했다. 가슴속에서 스멀스멀 분노가 차올랐다. '이렇게 추하고 지저분한 거지도 오래오래 사는데 나처럼 고귀한 존재가 먼저 죽는다니. 이런 부조리한 일이 어디 있단 말인가.'

"이봐, 거지. 내 신발 끝에 달린 푸른 보석을 잘 봐라. 사파이어다. 그렇게 돈이 필요하다면 이걸 줄 테니 가져가겠느냐?"

"저, 정말입니까?"

"암, 정말이고말고. 그러니 이 보석을 잘 들여다보거라."

여자가 오스카의 발 앞에 얼굴을 가져다 댔다.

오스카는 단단히 버티고 서서 여자의 얼굴을 있는 힘껏 걷어찼다.

여자가 비명을 내지르며 얼굴을 감싼 채 그 자리에서 데굴데굴 굴렀다.

"내가 말했을 텐데! 여기는 왕가의 사유지. 이런 곳에 멋대로 들어온 자는 그 자리에서 바로 처형당해도 할 말이 없다. 그냥 넘어갈 수 있을 줄 알았더냐!"

오스카는 다시금 여자를 향해 활시위를 당겼다. 여자는 제발 목숨만은 살려 달라고 비명을 지르며 덤불 속으로 도망쳤다.

오스카는 활을 내려놓았다. 뒤를 쫓을 기운도 남아 있지 않았기 때문이다.

충동적으로 행동했지만, 여자가 달아난 후 찾아든 정적이 오스카를 현실로 돌려놓았다.

'그렇다. 결국 아무것도 변하지 않는다. 저 여자를 죽이든 놓아주든, 아니면 정말로 사파이어를 건네주든. 어쨌거나 나는 죽는다.'

조금 진정이 되자 이번에는 반대로 기분이 급속히 가라앉기 시작했다.

오스카는 휘청거리며 숲속 깊은 곳으로 걸어 들어갔다. 가만히 있다가는 절망감을 이기지 못하고 마음이 '뚝'하고 부러져 버릴 것만 같았다.

정신을 차려 보니 달리고 있었다. 눈물이 뺨을 타고 흘러내렸다. 목숨을 구걸하던 그 여자와 자신의 모습이 겹쳐 보였다.

'나는 그 거지와 똑같다. 추하다. 한심하다. 아니다, 그 거지보다 내가 더 비참하다. 나는 당장 내일 죽을지도 모르니까. 나의 의식

과 감각이 영원히 사라지는 것이다. 무섭고 두렵다.'

발밑이 질퍽거렸다.

정신을 차리고 보니 주위가 온통 습지대였다. 풀들이 물에 잠겨 있었다. 고개를 들자 짙은 안개가 낀 작은 호수가 눈에 들어왔다.

문득 이런 생각이 들었다.

'이대로 쭉 걸어가면 편해질 수 있지 않을까.'

괴로웠다. 죽음을 기다리는 공포와 두려움으로 마음이 너덜너덜했다. 어떻게든 이 괴로움에서 벗어나고 싶은데 방법을 알 수가 없었다.

그런데 지금 기회가 주어졌다. '이대로 계속 앞으로만 걸어간다면 적어도 이렇게 고통스럽지는 않을 것이다….'

드디어 발견한 단 하나의 해결책.

오스카는 이제 자신에게 남은 길은 이것밖에 없다는 생각에 사로잡혀 한 걸음 앞으로 발을 내디뎠다. 한 걸음… 또 한 걸음… 발을 내디딜 때마다 머릿속에서 당장 멈추라고, 이러면 안 된다고, 정신 차리라고 외치는 소리가 들렸지만 앞으로 한 달간 죽음이 찾아올 때까지 이 공포와 두려움을 견뎌낼 자신이 없었다.

'도저히 불가능하다. 버틸 수 있을 리가 없다.'

고개를 저으며 또 한 걸음을 내디뎠다.

내일 죽는 행복한 왕자

이윽고 물이 목까지 차올랐다. 그래도 오스카는 오열하며 계속 앞으로 나아갔다.

'아, 불행하다. 나는 불행한 인간이다. 이렇게 비참한 기분을 느낄 바에는 아예 처음부터 태어나지 않았더라면 좋았을 것을.'

자포자기하는 심정으로 세상에 저주를 퍼붓고 있는데 갑자기 등 뒤에서 누가 말을 걸었다.

"이보게 젊은이, 거기서 뭐 하나?"

고개를 돌리니 낚싯대를 손에 든 노인이 이쪽을 멀뚱멀뚱 쳐다보고 있었다.

오스카는 못 들은 척 무시했다. 하지만,

"이보게, 안 들리나?"

노인이 계속해서 불러 대는 통에 오스카는 결국 참지 못하고 버럭 소리를 질렀다.

"시끄러워! 어차피 난 곧 죽을 거야! 사망 선고를 받았다고! 그러니 날 좀 내버려 둬!"

"호오, 그런가."

노인이 말했다. 덤덤한 말투였다. 당장이라도 물에 빠져 죽으려는 사람을 눈앞에 두고도 당황한 기색은 전혀 없었다.

노인은 웃으며 이렇게 말했다.

"언제 죽는지 알고 있다니 자네는 정말이지 행복한 사람이군."

제1장

죽음의 철학자

“왕자님, 일어나셨습니까.”

시종의 목소리에 눈을 떴다. 내 방 침대 위였다.

내가 왜 여기에 있지?

기억이 잘 나지 않았다. 정신을 차리기 위해 머리를 흔들며 어제 있었던 일을 떠올려 보았다.

그러니까⋯ 노인이 계속 말을 거는 통에 호수에서 돌아 나오려고 했는데⋯ 호수 바닥이 미끄러워서 허우적거렸고⋯ 물 밖으로 나오니 노인은 어디론가 사라져 버렸고⋯ 노인을 찾으려고 숲을 헤집고 다니다가⋯ 나를 찾는 대신의 목소리가 들려서⋯ 그래,

그렇게 신하들과 함께 다시 성으로 돌아온 것이었다.

"아침 식사를 준비해 놓았습니다."

시종이 평소와 같이 말했다.

"그래? 이리로 가져와 주게."

"네? 아, 알겠습니다."

시종이 순간적으로 당황한 것은 내가 평소 아침을 먹지 않았기 때문이다. 매일 아침, 식사가 준비되기는 했지만 나는 입에 댄 적이 없었다.

식사를 하기로 한 것은 단순히 배가 고팠기 때문이다. 생각해 보면 주치의에게 죽을 날이 얼마 남지 않았다는 이야기를 들은 것이 어제 오전이었으니, 하루 동안 아무것도 먹지 않은 셈이었다. 그러니 배가 고픈 것이 당연했지만 한편으로는 내가 배고픔을 느낀다는 것이 신기했다. 두 번 다시 식욕이 생길 일은 없을 거라고 생각했다. 더군다나 어제는 정말 죽어 버릴 생각이었으니까.

그랬는데 지금은 어째서인지 배가 고프고 마음도 조금 차분해졌다.

이렇게 된 원인은 분명했다.

나는 서둘러 식사를 마치고 밖으로 나와 말을 불러 타고 어제 죽으려 했던 곳으로 향했다.

물론 그 호수에 어제 만난 노인이 있으리라는 보장은 없었다.

없을 확률이 더 클 것이다. 하지만 노인이 있는지 없는지, 내 눈으로 직접 확인하고 싶었다. 그에게 물어보고 싶은 것이 있었기 때문이다.

내일 죽는다면 무엇을 해야 할까?

나는 왕가의 사냥터를 지나 숲속 깊은 곳으로 들어가 '검은 숲'이라고 불리는 장소에 도착했다. 노인은 호수에 떠 있는 조각배 위에 앉아 느긋하게 낚싯줄을 드리우고 있었다.

나는 호숫가에 서서 노인에게 말을 걸었다.

"이봐, 묻고 싶은 게 있다."

"오, 어제 본 젊은이로군."

어제와 마찬가지로 덤덤하고 평온한 목소리였다.

"어제 당신이 한 말의 뜻을 알고 싶어. 왜 그런 말을 한 거지?"

"응? 자기가 언제 죽는지 알고 있어서 행복하겠다고 한 거 말인가? 그야 그렇지 않은가. 대다수의 사람들은 자기가 언제 죽는지도 모르고 죽어가는데 자네는 죽을 때를 미리 알고 죽음에 대해 생각할 기회를 얻었으니, 그게 행복이 아니면 뭐겠나?"

"잠깐, 죽음에 대해 생각하는 것이 어째서 행복하다는 거지?

반대로 죽음에 대해 생각하지 않는 것이 행복 아닌가? 죽음의 공포에 사로잡혀 남은 인생을 벌벌 떨며 살아갈 바에는 죽음 따위 모르고 사는 편이 더 낫지."

"정말로 그렇게 생각하나? 그렇다면 하나 묻겠네. 취미, 놀이, 일, 뭐든 좋으니 자네가 지금까지 살아오면서 행복하다고 느끼며 해왔던 일을 떠올려 보게. 죽을 때를 알게 된 지금도 여전히 그 일을 하면 행복한가? 만약 행복하다면 남은 인생도 그걸 하며 보내면 되겠지."

"아니⋯. 행복하지 않아. 나는 왕자이고, 누구보다 호화롭고 부유한 삶을 살아왔다고 자부하지만, 당장 내일 죽을지도 모른다고 생각하면 모든 것이 무의미하게 느껴질 뿐이야."

"흠, 그렇다면 자네는 남은 시간이 얼마 없다는 사실을 알게 되면 허무하게 느껴질 뿐인 무의미한 일들에 인생의 대부분을 낭비하고 귀한 시간을 허비했다는 말이 되겠군. 자네는 죽음을 선고받고 아주 우연히 그 사실을 깨닫게 됐지만 대다수의 사람들은 생각 없이 수십 년을 살다가 죽음의 순간이 닥쳐서야 비로소 그 사실을 깨닫고 절망하게 되지. 그에 비하면 앞서 깨달은 자네는 행복하다고 할 수 있지 않을까?"

"아니, 잠깐만. 그걸 깨닫는 게 왜 행복하다는 거지? 내가 먼저 알게 됐다고 해도 인생이 무의미하다고 절망하는 건 똑같잖아."

　　　　　내일 죽는 행복한 왕자

"꼭 같다고는 할 수 없지. 바로 그 절망을 통해 자네에게는 새로운 가능성이 열릴 테니까. '본래적 삶'으로 이어지는 길이 말이야."

"본래적, 삶…?"

"그래. '인간이 살아야 하는 본래의 삶'이라는 뜻으로 철학에서 사용하는 말이라네."

"철학? 노인께서는 대체 뭐 하시는 분입니까? 아무래도 이름 있는 학자이신 것 같은데."

"그리 대단할 건 없네. 그저 아무 데서나 볼 수 있는 철학자 나부랭이지. 게다가 지금까지 자네에게 한 말은 전부 하이데거라는 철학자가 남긴 말을 따라 했을 뿐이라네. 자네, 하이데거를 알고 있나?"

"아니요, 그런 이름은 처음 들었습니다. 소크라테스나 플라톤이라면 알고 있습니다만."

"그런가…. 서양 최고의 철학자 중 한 명으로 꼽히는 인물이지만 아무래도 인지도가 좀 낮긴 하지. 하긴 쓴 책은 온통 철학 용어로 되어 있는 데다가 지나치게 난해해서 읽기도 어렵고, 무엇보다도 명언이라고 할 만한 게 없거든. 굳이 고르자면 '죽음은 인간의 가장 고유한 가능성이다' 정도려나…. 아니, 이것도 그렇게까지 알려진 것은 아니겠지. 아무튼 인류 역사상 최고의 철학자라고 불리는 하이데거의 철학을 모르는 건 엄청난 손해라고 생각하는

데 말이야…"

노인은 팔짱을 낀 채 혼잣말처럼 계속 중얼거렸다. 내가 하이데 거라는 사람을 모른다는 사실에 꽤 충격을 받은 듯했다.

그때 나는 이런 생각을 하고 있었다.

'신기하다. 죽음의 공포에 떨고 있던 내가 이런 곳에서 죽음에 대해 말하는 철학자를 만나다니. 세상에 이런 우연이 있을 수 있을까? 어쩌면 이건 하늘이 내린 운명이 아닐까?'

물론 이것은 지푸라기라도 잡고 싶은 절박한 심정인 나의 망상 일 것이다.

하지만 조금 전 노인의 입에서 나온 '죽음은 인간의 가장 고유한 가능성이다'라는 하이데거의 말이 묘하게 신경 쓰였다. 죽음이 가능성이라니, 그게 대체 무슨 말일까? 어쩌면 하이데거의 철학은 지금 내가 가장 필요로 하는 것들을, 마음의 안정과 평화 같은 것들을 내게 줄 수 있을지도 모르겠다는 생각이 들었다.

나는 노인을 향해 허리를 굽혔다.

"어르신, 아니, 스승님이라고 부르겠습니다. 방금 말씀하신 '하이데거의 철학'에 대해 좀 더 자세히 알고 싶습니다만, 우선 철학은 대체 무엇입니까?"

"응? 철학 말인가? 하이데거는 철학이란 '생각할 수 없는 것을 질문하는 것'이라고 했네. 그러니까 '생각할 수 없는 것을 생각하는 것'이라고도 할 수 있지."

"생각할 수 없는 것을 생각한다…. 도무지 무슨 말인지 모르겠습니다."

"어이쿠, 이거 내가 너무 서둘러 버렸군. 그러게 내가 하이데거는 어려운 말을 좋아하는 사람이라고 하지 않았나. 그럼 철학에 대한 일반적인 정의부터 알아보도록 할까."

스승님은 천천히 노를 저어 오더니 내게 배에 타라고 손짓했다. 나는 순순히 올라타 스승님과 마주 보고 앉았다.

죽음을 생각하기에 앞서

"철학이란 앎에 대한 탐구이며 지금까지 당연하다고 여겼던 가치관이나 상식을 철저하게 파헤치는 행위일세. 다시 말해, '○○이란 무엇인가?'라는 질문을 던지고 끊임없이 고민하는 학문이라고 할 수 있지. 빈칸에는 아까 말한 것처럼 우리가 당연하게 생각하는 상식적인 개념들을 집어넣어 볼 수 있겠지. 예를 들면 '사랑'이라든지 '정의' 같은 것들 말이야."

"그러니까 철학은 '사랑이란 무엇인가?'라든지 '정의란 무엇인가?' 같은 질문을 하고 그 답을 찾는다는 거군요? 그렇다면 하이데거의 경우는 '죽음이란 무엇인가?'라는 질문을 던진 철학자라고 생각하면 될까요?"

"절반은 맞았네. 확실히 하이데거 하면 '죽음'이나 '인간'을 연구한 철학자라는 이미지가 강하지만, 사실 그가 고른 주제는 그보다 훨씬 더 근원적인 것이었어. 바로 '존재'라는 걸세."

"존재요?"

"그래. 세상에는 많은 것들이 존재하지. 그렇다면 이 '존재'라는 건 대체 뭘까? 하이데거는 '존재란 무엇인가'를 알기 위해 '인간이란 무엇인가?'라는 질문을 던졌고, '인간이란 무엇인가'를 알기 위해 '죽음이란 무엇인가?'라는 질문을 던졌다… 대충 이런 순서인데 아마도 자네는 빨리 '죽음이란 무엇인가?'의 답을 듣고 싶겠지."

"네, 맞습니다."

"자네가 놓인 상황을 생각하면 그럴 만도 하지. 내 그 마음을 모르지 않네. 하지만 철학이라는 학문은 긴 세월을 버텨 온 커다란 나무처럼 거대하고 복잡한 체계를 가지고 있다네. 자네도 철학이 난해하다고 생각하지 않나. 그렇기 때문에 자네가 하이데거 철학을 제대로 이해하고 싶다면 시간을 들여서 하나씩 단계를 밟아 나갈 필요가 있다네. 결론을 서두르다 보면 결국 '인간은 죽기 때문에 그 인생이 빛나는 것이다'와 같은 수박 겉핥기식 이해에 그치게 되지. 자네가 원하는 건 그런 허울뿐인 말이 아니지 않은가."

"맞습니다, 설령 어떤 것이 정답이라 한들 제가 진정으로 이해하지 못한다면 무의미합니다. 조금이라도 빨리 답을 알고 싶은 마음이 굴뚝 같지만 이 시간을 헛되이 쓸 생각은 없습니다."

"음. 그렇다면 하이데거가 질문하는 '존재란 무엇인가?'가 과연 무엇을 묻고 있는 것인지, 우선 거기서부터 시작하도록 하지. 이 질문은 다시 말하면 '있음이란 무엇인가?'라고 할 수 있다네. 자, 여기 낚싯대가 있네. 자네라면 이것의 '있음'을 어떻게 설명하겠나?"

스승님이 손에 들고 있던 낚싯대를 내게 건네며 물었다. 엉겁결에 낚싯대를 받아들고 곰곰이 생각해 보았지만 마땅한 말이 떠오르지 않았다.

"아무리 생각해도 '낚싯대가 있다'라고 하는 수밖에 없을 것 같습니다만…."

"일단은 그걸로 충분하네. '○○가 있다, 있음이란 무엇인가?'라는 질문을 받았을 때, '있으면 있는 거지 그럼 뭐라고 하나'라는 생각이 드는 건 지극히 당연하고 일반적인 반응이야. 그리고 이런 대답이야말로 질문의 의도를 가장 잘 나타내고 있다고 할 수 있지."

"질문의 의도를 잘 나타내고 있다고요? 아무튼 '있음'을 설명하는 게 생각보다 훨씬 어려운 일이라는 건 알겠습니다."

"그러면 조급해하지 말고 다시 한번 생각해 보게."

스승님의 말을 듣고 나는 낚싯대를 찬찬히 살펴보았다. 손으로 가볍게 어루만지며 낚싯대의 소재와 질감을 확인했다. 그러자 점차 낚싯대가 여기 '있다'라는 실감이 들었다. 하지만 그 감각을 입 밖으로 내려고 하면 아무 말도 나오지 않았다. 누가 뭐라고 한들 있으면 있다고밖에 할 수 없다. 그야말로 벽에 부딪힌 심정이었다.

스승님은 그런 나를 말없이 지켜보고 있었다. 나를 놀리려는 것이 아니었다. 내가 무언가를 느끼고 이해하기를 기다리는 것 같았다.

그렇다면 나로서도 진지하게 고민해 보는 수밖에 없다.

인간이 생각할 수 있는 한계

낚싯대가 있다. 이것의 '있음'이란 무엇인가. 나는 머릿속에 떠오른 생각을 말했다.

"이건 어떻습니까. 나무 막대기가 있고, 그 끝에는 실이 달려 있습니다. 실 끝에는 바늘이 붙어 있습니다. 이렇게 생긴 물건이 있고, 이것이 곧 낚싯대의 '있음'이 아닐까요?"

내일 죽는 행복한 왕자

"나쁘지 않은 대답이군. 실제로 예로부터 많은 철학자들이 그런 방식으로 존재를 정의하고자 했지. 자네 말대로 낚싯대는 그런 구조로 되어 있고 그런 부분들로 구성되어 있네. 하지만 하이데거는 그런 식으로 존재를 정의하는 것에 의문을 제기했어. 애초에 자네가 한 설명에는 치명적인 오류가 있네. 그게 뭔지 알겠나?"

"글쎄요, 잘 모르겠습니다."

"방금 자네는 맨 먼저 나무 막대기가 '있다'라고 했어. '있음이란 무엇인가?'라는 질문에 '있다는 것이다'라고 대답하는 것은 이상하지 않은가. 예를 들어 '웃음이란 무엇인가?'라는 질문에 '웃는 것이다'라고 대답하면 자네도 분명 이상하다고 느낄 걸세."

"맞는 말씀입니다."

"그렇기 때문에 그런 식으로는 '존재란 무엇인가?'라는 질문에 대답하는 것이 불가능하다고 하이데거는 말하고 있네. 이해를 돕기 위해 자네가 한 말을 글로 적어 보는 게 좋겠군."

스승님은 품에서 종이와 펜을 꺼내 무언가를 적더니 내게 보여 주었다.

[낚싯대가 있다. → 막대가 있다, 실이 있다, 바늘이 있다.]

"어떤가, 이렇게 적어 보니 일목요연하지 않은가?"

"그렇네요. 결국 '있다'라는 말을 반복하고 있을 뿐, 그것의 '있음'에 대해서는 아무런 설명도 하지 못하고 있습니다."

"그래. 그리고 이것을 일반화하면 이렇게 되지."

[X가 있다. → a가 있다, b가 있다, c가 있다.]

"알겠나? 원래 사람들은 자네가 한 것처럼 이 세상에 존재하는 것을 각각의 부분들로 나누어 분석적으로 이해하려고 하는 경향이 있네. 하지만 이런 방식으로는 결코 무엇의 '있음'을 설명할 수 없어. 왜냐하면 결국 '있다'라는 말을 반복하는 것에 지나지 않기 때문이지. 그러니까 사물을 부분들로 나누어 설명하고자 하는 과학적인 탐구 방법으로는 아무리 노력해도 존재의 수수께끼를 밝힐 수 없단 말일세. 예를 들어 이 나무 막대기를 꺾으면 어떻게 되겠나?"

말을 쏟아내기 시작한 스승님은 다짜고짜 내게서 낚싯대를 빼앗아 가더니 힘을 주어 '뚝'하고 부러뜨렸다.

"이걸 한 번 더 꺾고…, 또 꺾으면…, 음. 이제 안 꺾이지만 일단 꺾었다고 치자고. 아무튼 이런 식으로 계속 꺾어 나가다 보면 낚싯대는 결국 더 이상 나눌 수 없을 정도로 아주 작은 입자들의

내일 죽는 행복한 왕자

집합체가 될 걸세. 낚싯대뿐만이 아닐세. 그리고 우리가 더는 나눌 수 없는 그 작은 입자를 '원자'라고 부른다면, 낚싯대를 비롯해 이 세상에 존재하는 모든 것은 '원자'로 되어 있다는 말이 되겠지. 이제 우리는 '낚싯대의 존재를 밝혀내는 데 성공했다, 우리가 낚싯대에 대해 알지 못하는 것은 아무것도 없다'라고 말하고 싶은 기분이 들 거야. 실제로 인간은 이런 식의 생각으로 과학이라는 학문을 발전시켜 왔지. 하지만 앞서 말했듯이 그런 방식으로는 '존재'를 이해하는 것이 절대로 불가능하다네."

"무슨 말인지 알 것 같습니다. 사물을 부분들로 나누어 이해한다고 해도 그 대상의 '있음'에 대한 설명은 되지 않는다는 말이군요. 그렇다면 분해하는 것이 아니라 사물을 전체적으로 바라본다면 어떨까요?"

"그것 역시 다르지 않네. 여기 사과가 있다고 상상해 보게. 누가 이 사과를 전체적으로 설명해 달라고 한다면 자네는 뭐라고 대답하겠나?"

"사과는… 과일이다?"

"자네는 이번엔 '이다'라는 말을 사용했네. 우리는 실제로 대화에서나 책에서나 무언가를 설명할 때 'A는 B이다'라는 형식을 주로 사용하지. 그렇다면 B의 존재, 즉 B의 '있음'이란 무엇인가?"

"하지만 '있음'을 설명함에 있어 '있다'도 '이다'도 사용할 수 없다면 설명 자체가 불가능하지 않나 싶습니다만…."

"맞는 말이야. 사실 이것은 '있음이란 무엇인가?'라는 질문 자체가 매우 심각한 문제를 안고 있음을 보여 주네. 자네 말처럼 '있다'나 '이다'로 '있음'을 설명할 수 없다는 결론에 다다르게 되지."

"네, 거기서 이야기가 끝나 버린다는 거죠. 그래서 결국 이 문제를 하이데거가 해결했다는 겁니까 못했다는 겁니까?"

"안타깝게도 하이데거는 이 문제를 해결하지 못했어."

"네? 하지만 하이데거는 최고의 철학자라고 하지 않으셨습니까. 그렇다면 당연히 질문의 답을 찾아내서 존재를 설명했을 거라고 생각했는데요."

"보통은 그렇게 생각하겠지. 실제로 하이데거는 존재의 비밀을 밝힐 목적으로 『존재와 시간』이라는 유명한 철학서를 집필했네. 하지만 그 책은 미완성인 상태에서 상권만 출간되고 하권은 끝내 나오지 않았지."

"그러니까 하이데거도 존재가 무엇인지 밝혀내지 못했다는 말입니까?"

"그래. 밝혀내지 못했거나 밝혀내기는 했으나 책으로 남기지 못했거나 둘 중 하나겠지."

스승님의 말을 듣고 나는 혼란에 빠졌다.

이럴 수가. 존재를 설명하는 것이 얼마나 어려운 일인지는 나도 충분히 이해했다. 하지만 그렇다고 해서 정말로 '어려운 문제라서 대답할 수 없다'라는 게 결론일 줄은 몰랐다. 그건 너무 무성의한 대답이 아닌가. 당연히 하이데거라는 철학자가 뭔가 획기적인 방법으로 세상을 뒤집어 놓았을 거라고 기대했건만….

존재하기 때문에 생각하는 것이다

표정이 일그러지는 나를 보고 스승님은 껄껄 웃었다.

"하하하, 그런 얼굴 하지 말게. 불가능한 일은 불가능한 것이니 어쩔 수 없지 않은가. 그건 대단한 철학자라도 마찬가지라네. 물론 자네 입장에서는 존재의 수수께끼를 풀기 위해 평생을 쏟아부은 철학자조차 풀지 못한 문제를 논하는 것이 무슨 의미가 있나 싶기도 하겠지. 하지만 의미는 있다네. 문제 해결의 불가능성, 그러니까 '인간은 존재에 대해 무엇 하나 설명할 수 없다'라는 사실을 받아들임으로써 적어도 두 가지 사실을 깨닫게 되지. 우선 첫 번째는 인간이 존재에 대해 하는 모든 생각은 '존재(있음)'을 바탕으로 한다는 것이네. 말하자면 건물의 '토대'처럼 말일세."

"토대요?"

"생각할수록 이상하지 않나? 원래 인간은 무엇이든지 얼마든지 생각할 수 있지 않은가. 이미 지나간 과거부터 아직 다가오지 않은 미래, 더군다나 현실에 없는 상상 속의 일에 이르기까지 온갖 것을 생각할 수 있단 말이지. 그런 만능에 가까운 인간의 사고력이 어째서 '존재'에 대해서만큼은 생각하지 못하는 걸까. 그 이유는 바로 존재가 그 생각의 '토대'와도 같은 것이기 때문이네. 토대 없이 건물을 세울 수는 없는 노릇이지 않은가? 당연하다면 당연한 일이지. 논리학을 예로 들어 볼까? 어려운 이야기는 아니니 긴장할 필요 없네.

① 모든 인간은 죽는다.
② 소크라테스는 인간이다.
③ 따라서 소크라테스는 죽는다.

지금 내가 말한 내용은 논리적으로 참이지만, 이 '논리적으로 참'이라는 것이 무슨 뜻인지 다시 논리적으로 설명하는 것이 가능할까?"

"어… 어렵지 않을까 싶은데요…"

"그렇다네. 말하자면 이런 걸세. 예컨대 '논리적 참이란 무엇인가?'를 누가 논리적으로 설명했다고 생각해 보세. 만약 그 설명이 옳다면 그건 당연히 논리적으로 참이어야겠지. 이런, '논리적으로 참'이라는 말이 또 나왔군."

"얼추 알겠습니다. '논리적 참'에 대한 논리적인 설명은 논리적으로 참일 수밖에 없다는 거군요? 따라서 '논리적 참'을 설명하지 못한 게 되고요. '있음'을 '있다'로 설명할 수 없는 것처럼요."

"맞네. A에 대한 설명이 A를 바탕으로 하는 바로 그 경우지. 그렇기 때문에 '논리적 참'이 무엇을 뜻하는지 논리적으로 설명하는 것은 근본적으로 불가능하다고 할 수 있네. 인간이 존재를 설명하지 못하는 것 또한 이와 마찬가지일세."

"즉, 인간이 존재에 대해 하는 생각의 '토대'가 '존재'이기 때문에 인간은 존재를 설명할 수 없다는 것이군요?"

"정확하네. 따라서 '존재란 무엇인가?'라는 질문은 쉽게 대답될 수 있는 수많은 질문들과는 달리 인간에게 있어서 가장 근원적인 질문이라는 거지. 하이데거는 이 문제의 중요성을 깨달은 철학자가 역사상 단 한 사람, 오직 자기뿐이라고 큰소리쳤다네."

그렇군. 그래서 하이데거가 위대하다는 건가. 인간이 존재를 생각하는 게 그토록 중요한 의미를 가진다는 말은 지금까지 들어본 적도, 생각해 본 적도 없었다.

"그러면 '인간은 존재에 대해 무엇 하나 설명할 수 없다'라는 사실을 받아들임으로써 알게 되는 두 번째 사실에 대해 살펴보도록 하지. 그건 바로 '인간은 존재를 설명하는 것이 불가능함에도 불구하고 이미 존재를 이해하고 있다'라는 것일세."

"인간이 이미 존재를 이해하고 있다고요?"

"사실 그렇지 않은가. 지금까지 계속 '인간은 존재를 설명할 수 없다'라는 소릴 해 왔네만, 자네도 존재라는 단어의 의미는 알고 있을 텐데?"

"네, 물론 알고 있습니다."

나는 고개를 크게 끄덕이며 이렇게 덧붙였다.

"안 그래도 그 부분이 계속 걸렸습니다. 존재를 설명할 수 없다고는 하지만 우리는 일상적으로 '존재한다'라든지 '있다'라는 말을 사용하고 있지 않습니까. 어떤 말을 사용하고 있다는 건 그 말의 의미를 이해하고 있다는 뜻이고요."

"자네 말이 맞네. 그러니 역시 인간은 존재가 무엇인지 이해하고 있다는 말이 되겠지."

"설명하지는 못하지만 말입니까?"

"그래! 바로 그거라네! 그게 바로 두 번째 이야기의 핵심이고, 하이데거 철학의 가장 기초라고 할 수 있지. 알겠나? 인간은 존재를 설명하지 못하면서도 존재의 의미를 이해하며 존재에 관한 언어를 구사하고 있지. 아무리 생각해 봐도 이상하고 신비로운 일 아닌가?"

"확실히 이상하기는 하네요. 신비로운지는 잘 모르겠습니다만."

"이런, 이걸 신비하다고 느끼는 것이야말로 철학을 탐구하는 자에게 요구되는 중요한 자질이라고 할 수 있네. 인간을 신비로운 존재로 느끼는 감성을 지니고 있는가 지니고 있지 않은가 말일세. 만약 인간이 신비로운 존재가 아니라고 한다면 인간이라는 생물은 단지 단백질로 이루어진 유기물 덩어리에 불과하다는 말이 되겠지. 부품이 망가지면 움직임을 멈추는 기계에 불과할지도 모르고. 그렇다면 인간의 존엄성을 찾는 일은 무의미할 것이고, 세상에는 정의도 아름다움도 존재하지 않을 걸세. 철학을 하는 의미도 사라지겠지."

"인간이 한낱 기계에 지나지 않는다면…."

나는 태엽을 감아서 움직이는 인형을 떠올렸다. 그런 인형들만 잔뜩 모여 있는 장면을 떠올리니 섬뜩했다. 만약 그렇다고 한다면 인간의 삶은 그저 맞물린 톱니바퀴가 삐걱거리며 돌아간 결과에 불과하다는 말이 될 것이다. 인형들이 '사랑'이니 '정의' 같은 말을 입에서 내뱉는다 한들 그것에는 아무 의미도 없지 않은가.

사람들은 왜 죽음을 두려워할까?

"무슨 말인지 알 것 같습니다. 조금 다른 이야기지만 제가 죽음을 두려워하는 이유도 그와 관련이 있지 않나 싶습니다. 나는 한낱 사물에 지나지 않고 죽으면 단지 그뿐인 단백질 덩어리에 불과하다…. 물론 스스로를 이렇게 생각하고 싶지는 않지만 죽음은 가차 없이 이러한 사실을 제게 들이밀며 모든 것을 무의미하게 만듭니다. 그래서 죽음이 두려운 것 같습니다."

"맞는 말일세. 물론 사람에 따라서는 그렇게 생각하지 않을 수도 있어. 개중에는 '인간은 한낱 사물에 지나지 않고 죽으면 단지 그뿐이다'라는 말을 들어도 '그래서 뭐 어쨌다는 건데?' 하고 대수롭지 않게 넘기는 사람도 있겠지. 하지만 그런 사람이라도 당장 내일 죽는다는 말을 듣게 된다면, 그래서 죽음이 코앞에 닥쳤다는 사실을 알게 된다면 계속해서 평정심을 유지하기는 쉽지 않을걸세. 아마도 크게 당황해서, '왜? 어째서?' 하고 끊임없이 이유를 물으며 자신의 인생이 이제 곧 끝난다는 사실에 안절부절 어쩔 줄 몰라 하겠지. 애초에 인간은 무의미, 즉 '허무'에 견딜 수 있도록 만들어지지 않았거든.

잘 듣게, 젊은이. 인간이 뛰어난 지능과 사고 능력을 가지고 있는 건 사실이야. 그러한 능력을 토대로 다양한 물리 법칙과 논리 규칙을 학습하고 세계를 정확하게 파악할 수 있었지. 하지만 그를 통해 얻을 수 있는 것이 규칙으로만 세상을 설명하는 기계론적 세계관이라면, 그런 세계관으로는 인간의 존엄성이나 살아가는

내일 죽는 행복한 왕자

의미를 결코 발견할 수 없네. 그러니 자네가 인생에서 정말로 중요한 것을 찾고자 한다면 우선 그 '기계론적 세계관'의 틀에서 벗어날 필요가 있다네."

"기계론적 세계관의 틀에서 벗어나야 한다…."

"그래. 만약 인간에게 '존엄성'이라는 것이 있다면 그건 기계론적 세계관의 틀에서 벗어난 곳, 즉 '울타리 바깥쪽'에만 존재한다네. 그리고 철학이란 그 '울타리 바깥쪽'을 가리키는 학문이고. 어쩌면 자네는 철학자란 이 세상의 모든 원리를 뛰어난 지성으로 풀어내어 설명하는 사람이라고 생각하고 있을지도 모르겠네만, 그렇지 않다네. 본래 철학에서 다루는 '의미'라든가, '아름다움' 같은 것들은 기계론적 세계관 안에는 존재하지 않거든. 오히려 철학의 본분은 '이 세상에는 설명할 수 없는 것이 있다'라는 사실을 알리는 데 있다고 할 수 있어. 울타리 바깥쪽, 그러니까 기계론적 세계관에서 벗어난 곳이 존재할 가능성을 제시하는 것 말일세. 따라서 철학자는 철학을 하면 할수록 '설명할 수 없는 것'을 찾아내기 위해 애쓰게 되지."

"설명할 수 없는 것을 찾아내는 것이 철학이다…."

"처음에 말한 하이데거가 내린 철학의 정의를 떠올려 보게. 하이데거는 이렇게 말했지. '철학이란 생각할 수 없는 것을 생각하는 것이다'라고."

정신이 번쩍 들었다. 조금 전까지 나는 하이데거가 결국 존재의 수수께끼를 설명하지 못했다는 사실에 실망하고 있었다. 그리고 설명할 수도 없는 것에 매달려서 시간을 낭비했다고 생각했다. 하지만 이제는 알 것 같다. 정말로 중요한 것은 설명할 수 없으며, 설명할 수 없는 것을 찾아내는 과정 그 자체가 중요하다는 것을.

"설명할 수 없는 것…. 그러니까 인간이 존재를 이미 이해하고 있다는 사실 말인가요?"

"그래. 인간이라는 생물은 설명할 수 없는 것을 설명하려고 하고, 이해할 수 없는 것을 이해하고 있으면서, 생각할 수 없는 것을 생각하고 있지. 이토록 불가사의한 일이 지금 자네 안에서 일어나고 있단 말일세! 철학은 바로 이러한 신비로움에 대한 경탄에서 시작되었다고 할 수 있지. 어이쿠, 날이 저물기 시작했군. 이쯤에서 한번 정리해 볼까.

① 하이데거는 '존재란 무엇인가?'라는 질문에 답하고자 했으나 애초에 그것은 인간이 대답할 수 있는 문제가 아니었다.

② 그럼에도 불구하고 인간은 '존재'라는 개념을 이해하고 있으며 존재에 관한 말들을 의미 있게 사용하고 있다.

이해했나?"

내일 죽는 행복한 왕자

"네."

"사실 여기까지는 아직 하이데거 철학의 초입에 불과하다네. 하이데거는 다음 단계로 '인간이란 무엇인가?'라는 새로운 질문을 파고들기 시작했어."

"인간이란 무엇인가…?"

"그래. 물론 하이데거가 알아내고자 한 것은 어디까지나 '존재'였네. 하지만 그 답은 말로 설명할 수 있는 것이 아니었어. 대신에 인간은 이미 존재라는 개념을 이해하고 있다는 사실이 하나의 단서로 남았지. 그래서 이 단서를 가지고 존재의 비밀을 밝혀내기로 마음먹은 것일세. 이런 질문을 던짐으로써 말이야.

'인간이란 무엇인가?'

'인간이란 어떤 존재인가?'

알겠나 젊은이? 자네는 아직 인간에 대해 아무것도 알지 못하는 상태라네. 그럼에도 불구하고 '인간이란 대충 이런 것이다'라는 생각을 가지고 인생과 죽음에 대한 결론을 서두르고 있지. 그러니 자네는 알아야만 하네. 인간이 이 세상에서 어떤 존재이고, 어떻게 존재해야 하는지를 말이야. 이런, 해가 다 져 버렸군. 이야기를 더 듣고 싶다면 내일 다시 오게나."

제2장

인간이라는 존재

"일어나셨습니까, 왕자님."

시종의 목소리에 눈을 뜬 나는 침대 위에서 몸을 벌떡 일으켰다. 개운하고 상쾌한 기분이었다. 지금까지 단 한 번도 생각해 본 적 없는 것을 생각하느라 머리를 너무 많이 써서 그런지 오랜만에 푹 잔 것 같았다.

창밖으로 맑은 하늘이 내다보였다. 향기로운 꽃향기와 함께 시원한 바람이 불어오는 기분 좋은 아침이었다.

하지만 시종의 표정은 어두워 보였다. 처음에는 기분 탓인가 했지만 나를 보는 시종의 눈빛에서 느껴지는 감정은 분명 연민과 동정이었다. 어찌 된 일인지 알 것 같았다.

내가 곧 죽는다는 사실을 어디선가 들은 것이 틀림없다.

정보의 출처는 당연히 주치의일 것이다. 원래대로라면 나의 건강에 관한 사실을 함부로 떠벌리고 다니면 안 되지만 왕자인 내가 갑자기 죽으면 큰 소동이 일어날 테니 폐하와 대신들에게는 내 상태를 알렸겠지. 그러다가 시종들까지 알게 되었으리라는 것은 쉽게 짐작할 수 있었다.

씁쓸한 마음으로 아침 식사를 마치고 자리에서 일어나려는데 갑자기 시종들 여럿이 방 안으로 들어왔다. 그들은 영문을 몰라 어리둥절해하는 나를 예복으로 갈아입히고 궁정 화가에게 데려갔다. 죽기 전에 내 모습을 초상화로 남기려는 것이었다.

"왕자님의 아름다움은 그 어떤 예술 작품도 따라가지 못할 것입니다!"

궁정 화가는 온갖 미사여구를 총동원해서 나를 칭송해가며 열심히 붓을 움직였다. 나는 의자에 멍하니 앉아 그가 하는 말을 흘려들었다. 완성된 그림은 내가 죽은 후에 이 성 어딘가에 걸리겠지만, 그게 대체 무슨 의미가 있단 말인가.

밑그림이 어느 정도 완성된 것을 보고 나는 자리에서 일어났다. 초상화를 남긴다 한들 그림 속 내가 나 대신 죽어 줄 리 없고 나 대신 살아 줄 리도 없다. 그렇다면 살아 있는 동안의 시간을 가치 있는 일에 사용하고 싶었다. 나머지 작업은 나 없이도 화가가 얼마든지 알아서 마무리 지을 수 있을 터였다.

나는 화가의 제지를 무시하고 밖으로 나왔다. 쓸데없는 일에 시간을 낭비해 버렸다. 서둘러 숲으로 가야 한다. 그때 멀리서 복도를 걸어가는 대신의 뒷모습이 눈에 들어왔다.

마침 잘됐다. 대신을 불러 세우려고 하는데 구두 소리를 듣고 나라는 사실을 알았는지 갑자기 대신의 걸음이 빨라지더니 모퉁이를 휙 돌아 사라져 버렸다.

나는 소리쳤다.

"이봐 대신! 나인 줄 알고서 도망을 치다니 이게 무는 짓인가!"

잠시 정적이 흐르더니 대신이 모퉁이 뒤에서 슬금슬금 기어나왔다.

"아니, 오스카 왕자님 아니십니까! 그간 별고 없으셨는지요? 왕자님께서 뒤쫓아 오신 줄은 정말이지 꿈에도 몰랐습니다."

천연덕스럽게 대답하는 꼴이 얄미워도 지금은 그런 걸 따지고 있을 때가 아니다.

"자네도 들었겠지만… 그래도 나는 여전히 왕자야. 그렇지?"

"네, 지당하십니다."

"그렇다면 한 가지 부탁이 있네. 마차를 준비해서 검은 숲 입구까지 나를 데려다주게."

"그건 전혀 어려운 일이 아닙니다만, 무슨 일로 그러시는지…?"

"이유는 몰라도 돼. 혹시 이유를 모르면 내 말을 따르지 못하겠다는 건가? 폐하께서는 내 부탁이라면 무엇이든 들어주라고 명하셨을 텐데?"

"왕자님 무례를 용서하십시오! 그러면 지금 바로 마차를 대령하겠습니다."

인간이란 무엇인가에 대한 하이데거의 대답

검은 숲 어귀에 도착한 나는 대신을 거기 내버려 둔 채 스승님이 있는 호수로 향했다. 스승님도 내가 오는 것을 기다리고 있었는지 조각배 위에서 나를 보고 어서 올라타라고 손짓했다.

"우선 지난 내용을 간단히 정리해 볼까? 어제는 자네와 '존재가 무엇인지 설명하지 못하면서도 존재라는 개념을 이해하고 있는 인간은 참으로 신비로운 생물'이라는 것을 이야기했네. 그래서 하이데거는 인간이라는 존재의 비밀을 알아내기로 했다고 했고."

"네, 맞습니다. 그렇다면 오늘은 하이데거가 인간을 어떻게 정의했는지 배우는 건가요?"

"그래. 그 전에 한 가지 미리 말하자면 하이데거는 인간을 '현

내일 죽는 행복한 왕자

존재'라고 부르고 있네."

"현존재, 라고요…? 처음 듣는 말인데요."

"그렇겠지. 하이데거가 만들어 낸 말이니까. 현존재란 말하자면, '지금 거기에 실제로 있는 존재'라는 뜻일세. 어이쿠, 무슨 말인지 전혀 모르겠다는 표정이군. 사람들이 하이데거 철학은 어렵다고 투덜거리는 이유가 바로 이런 조어들이 난무하기 때문이지. 하이데거가 쓴 철학서를 보면 '현존재는 ○○이다'라는 문장이 끊임없이 등장한다네. 하이데거 철학은 안 그래도 존재에 대해 어려운 이야기를 하고 있는데, '인간'에 대해서까지 '현존재'라는 말로 대신하고 있다 보니 더 어렵게 느껴지는 측면이 있지. 참고로 어제 하이데거가 남긴 명언을 소개할 때 자네가 알아듣기 쉽게 '죽음은 인간의 가장 고유한 가능성이다'라고 말했지만, 원래 문장에서는 '인간'이 '현존재'라고 되어 있다네. 하이데거의 대표적인 저서인 『존재와 시간』에는 이렇게 적혀 있지.

《죽음은 현존재의 가장 고유한 가능성이다. 이 가능성에 임하는 존재는 현존재의 존재 자체가 걸린, 현존재의 가장 고유한 존재 가능성을 현존재인 자신에게 내보여 준다.》

어떤가?"

"존재라는 말이 너무 많이 나와서 무슨 뜻인지 전혀 모르겠습니다. 이걸 다르게 설명할 수는 없었을까요?"

"음, 하이데거가 인간을 지칭할 때 사용한 말로는 '세계-내-존재'라는 것도 있다네. 인간은 세계를 바깥에서 바라보고 있는 존재가 아니라 늘 세계 안에 존재하는 존재라는 뜻을 담은 조어인데…"

"똑같지 않습니까! 대체 하이데거라는 사람은 존재라는 말을 얼마나 많이 써야 직성이 풀리는 겁니까? 아니, 잠깐만요. 그러니까 현존재는 곧 인간이라는 거죠? 그러면 그냥 '인간은 ○○이다'라고 쓰면 될 텐데 왜 굳이 어려운 표현을 쓰는 거죠?"

"물론 하이데거가 의미 없이 괜한 심술을 부리는 건 아니라네. 여기에는 철학자로서의 굳은 신념이 담겨 있지. 우선 철학이라는 건 최대한 대상의 개별적인 특성에서 벗어나 전체를 추상화하고 대상의 보편적인 본질을 출발점으로 삼아 신중하게 주장을 전개해 나가는 학문이네만, 예를 들어 자네 앞에 사과 한 알이 놓여 있다고 상상해 보게. 이제 자네가 '사과란 무엇인가?'에 대한 답을 얻고 싶어서 사과에 관한 철학서를 집필한다고 생각해 볼까. 자네라면 사과를 어떻게 설명하겠나?"

"그야 당연히 '사과는 ○○이다'라고 하겠죠."

"하지만 그렇게 되면 문제가 생기네. 자네는 지금 전에 없던 사과론을 전개하려고 하는데 사과를 '사과'라고 해버리면 기존의 관념에 얽매이게 될 위험이 있단 말이지."

"기존의 관념이라고 하면, '사과는 빨갛다'라든지 '사과는 달다' 같은 거 말입니까?"

"맞네. 누구나 '사과'라는 단어를 보면 곧바로 그런 이미지가 떠오르지 않는가. 단어들은 대부분 그런 식으로 특정한 이미지들과 단단하게 결합 되어 있지."

"그게 왜 문제라는 거죠? 사과가 빨갛고 단 건 당연하지 않나요?"

"그 당연한 것이 언제 어디서나 통하는 보편적인 것이라면 아무 문제 없겠지. 하지만 세상에는 얼마든지 파란색인 사과가 있을 수 있고 쓰디쓴 사과가 있을 수도 있어. 어쩌면 별 모양의 보라색 사과가 등장할지도 모르지. 이것들을 모두 '사과'라고 한다면 자네가 쓴 '사과는 ○○이다'라는 문장은 시대와 장소에 따라 해석이 달라지지 않을까?"

"달라지겠죠. 저는 빨간 사과를 생각하면서 썼지만 읽는 사람은 파란색이나 보라색 사과를 생각하면서 읽을 테니까요."

"하지만 그렇게 되면 그 책은 철학서라고 할 수 없겠지. 본디 철학이란 가장 분명한 것을 생각하는 학문이고, 철학자는 100년이 지나도 1000년이 지나도 변하지 않는 이치, 즉 진리에 도달하기 위해 자신의 인생을 걸고 그렇게 두꺼운 책을 쓰는 거니까."

"인간에 대해 쓴 문장도 시대나 장소에 따라 해석이 달라질 수 있다는 건가요?"

"그렇다네. '삼각형은 ○○이다'라고 쓰는 건 문제가 없지. 삼각형의 정의는 시대나 장소가 바뀌어도 달라질 일이 없거든. 하지만 '인간은 ○○이다'라고 쓸 때는 주의할 필요가 있어. 이 문장은 시대나 장소, 상황에 따라 전혀 다르게 해석될 수 있기 때문이지. 그러다 보니 '인간'이라는 단어를 쉽게 쓸 수 없고 사용하는 데 조심스러울 수밖에 없는 거라네."

시대, 장소, 상황, 이러한 조건들에 따라 '인간'에 대한 해석이 달라진다…. 솔직히 그게 어떤 것인지 쉽게 짐작이 가진 않지만 어쩌면 왕자인 내가 생각하는 '인간'과 국민들이 생각하는 '인간'은 다를 수도 있을 것 같았다.

"그럼 어떻게 해야 이런 해석의 문제를 피할 수 있을까요?"

"아무래도 추상적인 표현으로 바꾸어 말하는 게 좋겠지. 사과를 추상적으로 어떻게 표현할 수 있겠나?"

"…과일?"

"음, 그 정도로는 아직 부족하네. 좀 더 추상화의 정도를 높여서 사과를 표현해 보겠네. 예를 들어 '먹히는 것을 목적으로 나무에 열리는 것'은 어떤가?"

　　　　　내일 죽는 행복한 왕자

"정말로 추상적이네요. 그런데 잠시만요. 아무래도 너무 길지 않나요? 이 표현이 등장하면 문장은 더욱 길어질 것 같은데요."

"하하, 맞는 말이네. 그런 문장은 아무도 읽고 싶어 하지 않을 거야. 그래서 길이를 짧게 줄인 말, 조어를 만들어내는 거라네. 방금 예로 든 표현은… '피식열매' 정도로 줄여보면 어떻겠나?"

"하하, 그 정도면 괜찮을 것 같습니다. 그래도 처음 책을 펼쳐 본 사람은 당황하겠네요. '피식열매'이라는 말은 지금까지 본 적도 들은 적도 없을 테니까요."

"하이데거의 철학서가 딱 그런 느낌이라네. 하지만 이런 개념을 출발점으로 삼아 사색을 거듭해 나가다 보면 기존의 관념이나 틀에 얽매이지 않는 새로운 이론을 만들어 낼 수 있을 것 같지 않나? 기본적으로 철학서에는 추상적인 말이나 조어가 많이 등장해서 읽기 어려운 경향이 있지만 거기에는 그럴 만한 이유가 있다는 뜻이네. 물론 하이데거는 지나치게 조어를 많이 사용해서 같은 철학자들 사이에서도 불평을 듣고 있긴 하네만."

반드시 죽는 인간은 불행한 존재일까?

"철학서에 낯선 말이 많이 나오는 이유는 알겠습니다. 그렇다면 하이데거는 '현존재'라는 표현을 사용해서 인간을 어떤 식으로 추상화하려고 한 겁니까?"

"음, '현존재'의 원어는 독일어로 'Dasein'이고, 이를 직역하면 '지금 여기에 존재한다'라는 의미라네. 하이데거는 이 말을 통해 인간을 다음과 같이 표현하고 싶었던 듯하네.

《세계에 내던져짐과 동시에 스스로를 고유한 가능성을 향해 내던지는 존재이자, 지금 거기에 있음으로써 존재 그 자체와 관계를 맺는 존재》

이것이 '현존재'라는 말에 대한 정의, 말하자면 가장 교과서적인 설명이라고 할 수 있네만, 어떤가?"

"…죄송합니다, 잘 모르겠습니다. 각각의 단어가 의미하는 바는 알겠는데 결론적으로 무엇을 이야기하고 싶은 건지는 모르겠습니다."

"아, 그 정도면 되었네. 하이데거 철학을 다룬 입문서들을 보면 보통 첫머리에서 '현존재'를 설명하지만 대부분 초심자가 이해하기 어려운 교과서적인 설명을 늘어놓은 다음 '아무튼 현존재는 인간이라고 생각하면 됩니다'라고 어물쩍 넘어가 버리거든. 나도 그럴 생각이라네. 하이데거가 '현존재'라고 말하고 있는 부분은 전부 '인간'으로 바꾸어 설명할 거야. 그러니 조금 전에 내가 들려준 현존재에 대한 설명은 잊어버려도 상관없다네. 다만 '현존재'라는 단어는 머릿속 한구석에 기억해 두게. '인간이란 무엇인가'를 알아내고자 한 하이데거가 인간을 '현존재'라고 표현하고 있다는 건 곧 '현존재'가 하이데거 인간 분석의 결론이라는 말이니까."

"그렇다면 하이데거의 인간 분석, 그러니까 그의 철학을 공부해 나가다 보면 언젠가 아까 나온 현존재에 대한 설명을 이해할 수 있게 되는 날이 올까요?"

"그럴 수도 있고 아닐 수도 있지. 결국에는 자네가 인간을 어떤 식으로 이해할지 결정하는 것에 달린 거니까. 그러니 우선은 자네가 인간을 실제로 관찰해서 '이것이 바로 인간의 본질적인 특징이다'라고 할 만한 것을 생각해보게. 하이데거에게는 그것이 '현존재'였던 셈이지만 자네에게는 전혀 다른 것일 수도 있으니까."

"언젠가 반드시 죽는 불행한 존재…."

"응?"

"아, 아닙니다. 만약 제가 인간을 추상화한다면 이렇게 표현하지 않을까 싶어서요."

"흐음, 그것이 현시점에서 자네의 인간관이라는 말이군. 나쁘지 않아. 자네가 실제로 그렇게 생각한다면 그걸로 충분하네. 하지만 철학에서 가장 중요한 건 결론을 서두르지 않는 거라네. 어제도 말했지만 자네가 인간에 대해 알고 있는 것은 완벽하지 않을 가능성이 크거든. 자네는 왕자라고 했지? 그렇다면 자신만의 닫힌 세계 안에서 인간관을 정립하는 건 바람직하지 않다네. 쉽지 않을 수도 있겠지만 자네는 좀 더 성 바깥 사람들과 어울릴 필요가 있을 것 같군. 이런, 비가 오기 시작했군. 조금 이르지만 오늘은 이만 마치도록 하지."

∽

숲 어귀로 돌아가자 대신이 커다란 나무 아래에서 비를 피하며 나를 기다리고 있었다. 가까이 다가가서 기다리느라 수고했다고 말해 주려는데 빗소리에 섞여 코 고는 소리가 들려왔다. 기다리다 지쳐 잠이 든 모양인데 재주도 좋게 나무에 기대선 채로 자고 있었다. 나는 한차례 숨을 크게 들이쉬고서 버럭 소리를 질렀다.

"어이 대신! 거긴 내가 검은 전갈에게 쏘인 곳인데 괜찮나?"

대신이 말 그대로 용수철처럼 튀어 오르며 괴성을 질렀다. 그러고는 허둥지둥 온몸을 탈탈 털며 전갈이 붙어 있지는 않나 살피더니 이상이 없다는 사실을 확인하고는 안도의 한숨을 내쉬었다.

"간 떨어지는 줄 알았습니다! 왕자님, 볼일은 끝나셨습니까?

자, 어서 마차에 오르십시오. 빗줄기가 더 세지기 전에 성으로 돌아가셔야죠."

대신의 도움을 받아 마차에 오르자 채찍질 소리와 동시에 마차가 출발했다.

비가 세차게 퍼붓기 시작했다. 빗줄기가 마차 천장을 두들기는 소리가 요란하게 울렸다. 나는 그 소리를 들으며 오늘 있었던 일을 떠올렸다.

현존재…. 그리고 인간이란 무엇인가.

나는 문득 한 가지 생각이 떠올라 고개를 들어 대신에게 말을 걸었다.

"대신, 길을 좀 돌아가 주게. 평민들이 사는 모습을 보고 싶군."

"왕자님이 보셔서 좋을 게 없을 텐데요…. 알겠습니다. 분부대로 하겠습니다."

잠시 지나자 갑자기 마차가 덜컹덜컹 흔들리기 시작했다.

"아니, 왜 길을 따라 달리지 않는 건가?"

"길을 따라 달리고 있습니다만…"

"뭐? 길이 왜 울퉁불퉁한 거지? 그리고 저건 또 뭔가? 마구간 같이 생긴 게 잔뜩 늘어서 있는데 사람들이 드나드는군."

"어… 그러니까… 저게 평민들이 사는 곳입니다."

"뭐라고? 왜 마구간에 사는 거지?"

"평민들은 돈이 없으니 저런 집에 사는 수밖에요."

…저런 게 인간이 사는 집이라고?

"이제 되었네. 이만 돌아가지."

사는 집이 저렇게 더럽고 초라하다면 입고 먹는 것 역시 크게 다르지 않으리라. 이것이 국민들 대다수의 삶이라는 건가. 나라면 견딜 자신이 없었다.

그때 '덜컹'하고 마차가 크게 흔들리더니 그 자리에 멈춰 섰다. 채찍 휘두르는 소리와 말 울음소리가 계속해서 들렸지만 마차는 움직이지 않았다.

"무슨 일이지?"

"마차 바퀴가 진흙 구덩이에 빠졌나 봅니다. 일이 귀찮게 되었네요. 하필이면 이런 곳에서…"

"여기가 어떤 곳인데?"

"강 근처인데 이 주변은 빈민들이 모여 사는 곳이라…"

"빈민? 아까 본 사람들보다도 더 가난한 사람들이 있다는 건가?"

나는 창밖을 내다보고 할 말을 잃었다. 강가의 질척질척한 땅에 나무 막대기를 세우고 그 위를 거적때기 같은 천으로 덮은 천막들이 즐비하게 늘어서 있었다.

이런 데서 사람이 산다니…. 교회에 사는 생쥐의 삶도 이보다는

내일 죽는 행복한 왕자

나을 것이다.

"어이, 거기! 이리 와서 뒤를 좀 밀어 보거라! 마차가 움직이면 이걸 주마!"

대신이 창밖으로 고개를 내밀고 주머니에서 금화를 꺼내 보이며 소리쳤다.

그 말을 듣고 근처에 있던 사람들이 앞다투어 모여들어 마차를 밀기 시작했다. 하지만 마차는 꿈쩍도 하지 않았다.

"거기 너! 뭘 하고 있나 어서 돕지 않고!"

대신이 천막 안에 멀뚱히 앉아 있는 여자를 가리키며 호통을 쳤다. 그러자 뒤에서 마차를 밀던 남자가 대신 대답했다.

"나으리, 저 아이는 눈이 보이지 않으니 너그러이 용서해 주십시오."

자기를 향해 말하고 있다는 걸 알았는지 여자가 고개를 들었다. 누구한테 맞았는지 검붉은색으로 멍든 양쪽 눈 주위가 심하게 부어올라 눈을 제대로 뜰 수 없는 상태였다.

"앗…!"

나도 모르게 입이 벌어졌다. 어디선가 본 얼굴이었다.

"저도 돕겠습니다."

여자의 목소리를 듣고 확신했다. 그때 숲에서 만난 여자. 왕가의 사유지에 함부로 들어왔다는 이유로 내게 푸른색 사파이어가 박힌 구두로 얼굴을 걷어차인 그 여자였다.

여자가 자리에서 일어나 앞으로 손을 휘휘 내저으며 이쪽으로 걸어오기 시작했다. 나는 반사적으로 마차 밖에서 내 모습이 보이지 않도록 뒤로 물러나 앉았다.

아마도 여자는 숲에서 그 일이 있고 나서 제대로 치료받지 못했을 것이다. 그러다 결국 상처가 덧나고 곪아서 눈을 뜰 수 없게 된 것이 틀림없었다.

시간이 지나면서 점점 더 많은 사람들이 영차영차 힘쓰는 소리가 들리더니 마차가 다시 한 번 크게 덜커덩거렸다. 사람들이 환호성을 질렀다. 드디어 마차 바퀴를 진흙 구덩이에서 빼내는 데 성공한 모양이었다.

"이야, 다행입니다. 이대로 못 움직이면 어떡하나 싶었는데."

대신이 좋아하며 주머니에서 금화 한 닢을 꺼내 창밖으로 던지려고 했다. 그 모습을 본 순간 나는 대신이 가지고 있던 주머니를 냅다 빼앗아 안에 든 것을 전부 창밖에 쏟아부어 버렸다. 금화끼리 부딪치는 날카로운 금속음이 조용한 강가에 울려 퍼졌다.

"아니, 왕자님, 지금 뭐 하시는 겁니까!"

대신이 비명을 질렀지만 나는 못 들은 척 무시했다. 대신은 쏟아진 금화를 어떻게 할지 잠시 고민하는 눈치였지만 사람들이 너나없이 달려들어 주워 가는 것을 보고 포기한 듯이 한숨을 내쉬

　　　　　내일 죽는 행복한 왕자

더니 마부에게 출발하라고 했다.

왔던 길을 되돌아가며 덜컹덜컹 흔들리는 마차 안에서 대신은 넋이 나간 듯 멍한 눈빛으로 혼자 뭔가를 중얼거렸다. 입으로 숫자를 세면서 손가락을 꼽는 것을 보니 잃어버린 금화가 얼마나 되는지 헤아려 보고 있는 것 같았다.

한편, 나는 조금 전 내가 취한 행동에 대해 생각해 보았다. 왜 나는 금화를 길바닥에 쏟아부은 걸까…. 죄의식 때문이었을까?

…죄? 무슨 죄?

앞이 보이지 않아 두 팔을 휘저으며 마차를 향해 걸어오던 여자의 얼굴이 떠올랐다.

아니다, 나는 나쁘지 않다. 그 여자는 왕가의 사유지에 무단 침입했다. 원래대로라면 그 자리에서 바로 처형당해도 할 말이 없는 대역 죄인이다. 그런데도 나는 얼굴을 걷어차는 정도로 끝냈으니 오히려 자비를 베풀었다고 할 수 있다. 앞을 볼 수 없게 된 것도 굳이 따지자면 본인이 치료를 게을리했기 때문이다. 애초에, 눈이 안 보이는 게 뭐 그리 대수란 말인가? 나는 죽음을 앞두고 있단 말이다! 이제 곧 죽는단 말이다. 실명 따위에 비할 바가 아니다.

머릿속으로 계속 되뇌며 스스로를 납득시키려 했지만 내 기분은 하늘을 뒤덮은 비구름처럼 우중충하게 가라앉아 좀처럼 나아질 기미가 보이지 않았다.

제3장

도구의 세계

다음 날 아침, 나는 또다시 스승님의 가르침을 받으러 호수로 갔다.

어제 빈민가에서 본 여자가 계속 마음에 걸리기는 했지만 역시 내 생각에는 지금 내가 처한 상황이 훨씬 더 심각해 보였다. 그리고 어쩌면 이미 내가 뿌린 금화를 들고 의사를 찾아가서 상처를 치료받았을 가능성도 있었다. 일단은 그렇게 생각하기로 하고 여자에 대해서는 잊기로 했다.

하늘을 올려다보니 당장이라도 비가 쏟아질 것처럼 먹구름이 잔뜩 끼어 있었다. 구름이 해를 가려 사방이 어두컴컴하고 고요했다. 스승님과 나는 호숫가에 있는 커다란 바위에 걸터앉아 어제 하던 이야기를 이어갔다.

인간 외에는 모두 '도구'이다

"자, 그럼 오늘도 인간에 대한 고민을 계속해 볼까. 인간은 존재를 설명할 수 없으면서도 존재를 이해하고 있는 신비한 존재라네. 게다가 그런 존재가 '인간이란 어떤 존재인가?'라고 질문하는 아주 놀라운 일이 지금 여기서 벌어지고 있다네. 하하. 그리고 그러한 존재, 즉 인간을 하이데거는 '현존재'라고 했지."

스승님의 말에는 이번에도 '존재'라는 단어가 몇 번이나 반복해서 등장했지만 자연스럽게 이해할 수 있었다. 처음이었다면 전혀 이해하지 못했을 것이다. 어느샌가 하이데거 철학에 조금은 익숙해진 듯했다.

"일단 '현존재'라는 용어는 잊어버리게. 아무튼 하이데거는 인간을 분석하고 추상화해서 이런 말로 바꾸어 표현했다네. 이처럼 철학이란 사물을 추상화해서 생각하는 일종의 '추상화 놀이'라고 할 수 있지. 오늘은 이 놀이를 좀 더 해 볼까 하네. 어제는 인간을 추상화하는 것에 대해 이야기했네만, 인간 말고 다른 것은 어떻

내일 죽는 행복한 왕자

게 추상화할 수 있을까?"

"인간 말고 다른 것이요?"

"그래. A를 생각할 때 일부러 A가 아닌 것을 생각하면서 A의 본질을 파고드는 방법이 있지 않나? 그런 식으로 접근해 보자는 거지. 예를 들어 자네 주위의 것들을 어떻게 추상화할 수 있겠나?"

스승님의 말에 나는 주위를 둘러보았다. 낚싯대, 조각배, 호수, 나무, 돌 같은 것들이 눈에 들어왔다.

"글쎄요. 제 주변의 것들은 제가 보거나 만질 수 있는 실체를 가진 것들로서 실제로 그 공간을 차지하고 있는 아주 실질적인… 어… 그러니까…"

"하하, 어렵게 생각할 필요 없네. 사실 하이데거도 일상적인 말로 철학을 해야 한다는 주의였으니까. 실제로 하이데거는 인간 이외의 것을 추상화하면서 지극히 일상적인 단어를 사용했지. 바로 '도구'라네."

"도구라면…, 일할 때 쓰는 그 도구 말입니까?"

"그래. 하이데거는 '인간에게 자신을 제외한 모든 것은 도구다'라고 했네. 이러한 표현을 어떻게 생각하나? 받아들이기 힘든가?"

"아니요, 충분히 받아들일 수 있고 일상적인 말이라서 그런지 무슨 뜻인지도 바로 알겠습니다. 하지만 '자신을 제외한 모든 것이 도구'라는 건 너무 과격한 표현이 아닌가 싶은데요."

"사람에 따라서 그렇게 느낄 수도 있지. 그렇다면 자네는 도구가 뭐라고 생각하나?"

나는 '도구'에서 연상되는 것들을 머릿속에 떠올려 보았다. 포크, 나이프, 못, 망치…. 그리고 그것들의 공통점이 무엇인지 생각해 보았다.

"도구란 어떤 목적을 달성하기 위해 사용하는 유용한 물건이 아닐까요?"

"음, 말하자면 '목적 달성의 수단'이라고 할 수 있겠군. 일단 하이데거의 이러한 분석, 그러니까 '인간에게 자신을 제외한 모든 것은 도구다'라는 논리를 전제로 이야기를 진행하도록 하지. 하이데거는 도구에 대해 다음과 같은 인상적인 말을 남겼다네.

《도구는 단독으로 존재할 수 없다.》

다시 말해, 도구는 다른 도구와의 관계 또는 인간의 목적 속에서만 비로소 도구로서 존재할 수 있다는 말이지. 망치를 예로 들어 볼까? 망치는 흔히 못과 관계를 맺지. 못은 있는데 망치가 없다면 아무 소용이 없지 않은가. 또, 망치로 못을 박는 것은 예컨대 '집을 짓는다'라는 인간의 목적과 관련이 있어. 이런 식으로 모

내일 죽는 행복한 왕자

든 도구는 반드시 다른 도구와의 관계 및 인간의 목적 속에서 존재하고, 단독으로는 존재할 수 없다는 말이네."

스승님은 발치에 떨어진 나뭇가지를 주워 땅바닥에 그림을 그리기 시작했다.

"알겠나? 이 그림에서 보이는 것처럼 도구라는 존재는 하나의

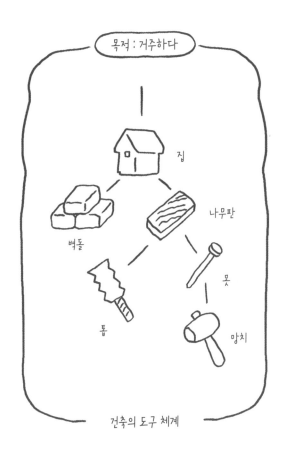

건축의 도구 체계

목적을 이루기 위해 다른 도구들과 이런 식으로 그물망처럼 연결되어 있다네. 이처럼 같은 목적 아래 모인 도구들 사이의 관계성을 하이데거는 '도구 연관'이라고 불렀어. 다만 내 생각에는 '도구 체계'라고 부르는 것이 쉽지 않나 싶네. 자네가 듣기에도 '연관'보다 '체계' 쪽이 이해하기 편하지 않겠나?"

"도구 연관…. 도구 체계…. 확실히 '도구 체계' 쪽이 이해하기 편한 것 같습니다."

"즉, '거주하다'라는 목적을 달성하기 위해 '건축'이라는 도구 체계가 만들어지고, 그 체계 안에서 '톱'이라든지 '망치'라든지 '못' 같은 도구들이 서로 관계를 맺으며 존재한다는 말일세."

"그러면 '먹다'라는 목적을 달성하기 위해 '요리'라는 도구 체계가 만들어지고, 그 안에 '포크'라든지 '접시'라든지 '프라이팬'이 존재하는 것처럼 말입니까?"

나도 근처에 떨어진 나뭇가지를 주워 땅바닥에 그림을 그렸다.

"그렇다네. 자네는 '도구 체계'가 무엇을 뜻하는지 충분히 이해한 것 같군. 중요한 것은 인간에게 자신을 제외한 모든 것은 도구이며, 따라서 자신을 제외한 모든 것은 전부 어떤 도구 체계에 속해 있다는 점이라네. 달리 말하면 도구 체계에 속해 있지 않은 도구, 즉 '단독으로 존재하는 도구'란 있을 수 없다고 할 수 있지. 자네는 그런 도구, 그러니까 '다른 무엇과도 관계 맺지 않고 스스로

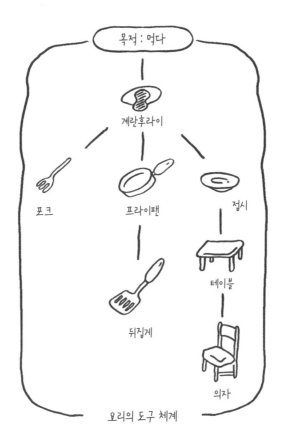

목적 : 먹다

계란후라이

포크   프라이팬   접시

테이블

뒤집게

의자

요리의 도구 체계

목적이자 수단이 되는 자기 완결적 도구'라는 것을 상상할 수 있 겠나?"

"음…. 잘 상상이 안 되는데요. 다만…"

스승님이 말하고자 하는 바는 이해했다. 내게도 이견은 없었다. 도구라면 당연히 사용 목적이 있을 것이고, 사용 목적이 없는 도구는 도구라고 할 수 없다. 다른 도구와 상호 작용을 하는 것 역시 도구라면 당연히 지녀야 할 성질이다. 하지만 뭔가 이상하다는 생각이 들었다.

"스승님께서, 아니, 하이데거가 하는 말이 대체로 옳다는 건 알겠습니다. 하지만 저는 도구가 아닌 물건, 말하자면 도구 체계에 속하지 않은 물건이 세상 어딘가에 있을 것 같다는 생각이 자꾸만 듭니다. 왜냐면 세상에는 아무짝에 쓸모없는 것도 있지 않습니까?"

"흐음, 구체적으로 어떤 걸 말하는 건가?"

"예를 들면…, '망가진 도구'는 어떻습니까?"

"음, 괜찮은 반문이야. 하지만 실제로는 어떨까. 가령 자네가 안경을 닦으려고 손수건을 꺼냈는데 손수건이 너무 더러워서 제 역할을 할 수 없는 상태라면 그 손수건을 '망가진 도구'로 볼 수 있겠지. 그런 손수건을 보며 자네는 어떤 감정이 들 것 같은가?"

"아무래도 그걸로는 안경을 닦을 수 없으니 답답하겠지요."

"그게 바로 자네가 그 손수건을 도구로 보고 있다는 증거 아니겠나. 자네가 '이 물건은 기능적으로 문제가 있으니 더 이상 도구라고 할 수 없다'라고 생각할지라도, '기능적으로 문제가 있다'라는 판단을 내린 시점에서 이미 자네는 그것을 도구로 취급하고 있단 말이 되네. 이와 관련해서 하이데거는, '사람들은 도구가 제

기능을 하지 못할 때 그 물건이 지닌 도구로서의 가치에 더 주목하게 된다'라고 했지. 만약 고장난 망치가 있다면 대충 이런 식으로 설명할 수 있을 것 같군."

스승님은 아까 그린 망치 옆에 고장난 망치를 그린 다음 그 둘을 선으로 연결했다.

"무슨 말인지 알겠습니다. 고장난 망치도 얼마든지 도구 체계에 속할 수 있다는 것이군요. 애초에 '망가진 도구'라고 부르는 것 자체가 그것을 도구적 관점에서 보고 있다는 사실을 인정한 것이나 다름없으니까요. 하지만 그렇다면 '자연'은 어떻습니까? 예를 들어 풀은 도구가 아니지 않습니까? 풀은 다만 풀로서 존재한다고 말할 수 있지 않을까요?"

"물론 풀의 입장에서는 '나는 인간의 도구가 아니야!'라고 주장하고 싶겠지. 하지만 자네에게 있어서, 그러니까 인간에게 있어서 풀은 정말로 도구가 아닌 채로 있을 수 있다고 생각하나? 혹시 자네가 사는 집 마당에 잔디가 깔려 있나?"

"네, 깔려 있습니다."

"왜 거기에 잔디를 심은 건가?"

"그야 푸른 잔디를 보면 기분이 좋기도 하고, 가끔 눕기에도 좋고… 아."

"그것 보게. 자네는 풀조차 도구로 보고 있지 않았나. 만약 잔디가 시들어서 색이 바래고 냄새가 난다면 바로 뽑아 버리고 새 잔디를 심겠지? 우리 인간은 자연마저도 도구로 취급하고 있다는 말일세. 심지어 '개똥'도 마찬가지야. 가령 자네가 누군가에게 '이 개똥만도 못한 자식아'라는 말을 듣는다면 기분이 어떻겠나? 천하에 쓸모없는 놈이라고 심한 모욕을 당한 기분이 들겠지. 그것 역시 인간이 개똥을 도구적 관점에서 보고 있다는 증거라네."

맞는 말이었다. 하늘에 떠 있는 저 구름만 봐도 그렇다. 지금 보기에 도구가 아닌 것 같고, 무언가를 위한 수단이라는 생각이 전혀 들지 않는다. 하지만 구름은 오늘같이 흐린 날에 비를 내려주고, 맑은 날에 햇빛을 가려준다. 결국 구름마저도 '어떤 기능을 하는가?'라는 도구적 관점에서 바라보게 된다. 그러니 나 이외의 모든 것을 추상화하는 단어로 가장 적합한 것은 '도구'라고 할 수 있을 것이다.

우리는 '도구' 없이 살 수 없다

"그렇다면 도구 체계는 어떻게 형성되는 걸까요?"

"갓난아기를 생각해 보게나. 아기는 자신의 세계를 파악하지 못할 뿐 아니라, 자기가 이 세계에 있다는 사실조차 인식하지 못하지. 말하자면 잠들어 있는 상태에 가깝다고 할 수 있네. 부모는 그런 아기를 돌보면서 다양한 것들을 가르쳐 주게 되는데, 그게 바로 '도구 체계를 형성시키는 행위'라고 할 수 있지 않겠나? 접시가 있고, 포크가 있고, 컵이 있고⋯. 이런 것들을 사용하는 시범을 하나하나 보이면서 아기에게 그 물건을 어떻게 사용하면 되는지 알려 주는 거지. 한마디로, '도구 체계를 심어 주는 과정'이라고 할 수 있네. 예를 들어 이런 장면을 떠올려 보게."

스승님은 다시 나뭇가지로 땅바닥에 무언가를 그렸다.

"쟁반에 사과가 담겨 있고 포크와 다른 것들이 있네요."

"그래, 성인이라면 누구나 이 그림을 보자마자 그렇게 생각하겠지. 하지만 아기는 그렇지 않다네. 아기는 그림 속의 것이 무엇인지 전혀 이해하지 못할 거야. 아무것도 모르는 상태에서 보면 이

건 그저 하나의 모양에 불과할 테니까. 선이 잔뜩 그려져 있고 서로 이어지기도 하는데, 어디서부터 어디까지를 끊어서 봐야 하는지 알 수 없겠지. 반듯하거나 구불구불한 선들이 엉망으로 뒤엉킨 의미를 알 수 없는 모양, 그것이 바로 이 그림의 본모습이라네."

나는 다시 한번 그림을 찬찬히 들여다보았다. 별다른 생각 없이 사과가 있다고 했지만, 선입견을 지우고 다시 보면 그림에는 단지 선들이 어지러이 이어져 있을 뿐 어디서부터 어디까지를 끊어서 볼 것인지는 그때마다 달라질 수 있을 것 같았다. 이 그림을 보고 '사과가 있다', '포크가 있다'라고 말하려면 일단 사과나 포크를 알고 있어야 한다. 그러고 보니 쟁반 앞에 그려진 기다란 것은 무엇인지 감이 오지 않았다. 설마 이것도 먹을 때 쓰는 도구일까?

"이런 의미를 알 수 없는 모양에서 특정한 도구 체계를 발견할 수 있도록 반복해서 가르치면, 아기는 점차 거기에 '포크가 있다', 즉 '도구가 있다'라고 인식할 수 있게 되지. 그리고 그 도구를 사용하는 주체가 바로 '나'라는 사실을 깨닫게 되는 것이고. 이렇게 생각하면 도구 체계야말로 '세계'를 형성하는 원천이라고 할 수 있지 않겠나? 중요한 내용이니 강조해서 말하겠네. 우리가 보고 만질 수 있는 것들의 단순한 합이 세계인 것이 아니라, 이러한 도구 체계들이 모여서 세계가 되는 거라네. 실제로 하이데거는 이렇

내일 죽는 행복한 왕자

게 말했다네. '다수의 도구 체계들이 서로 중첩된 것, 그것이 바로 세계다'라고."

"다수의 도구 체계들이 서로 중첩되어 있다고요? 요리나 건축처럼 도구 체계가 다수라는 건 알겠는데, 그것들이 서로 중첩되어 있다는 건 무슨 뜻입니까?"

"이 그림을 좀 보게. 이 사람이 무얼 하는 것 같나?"

"칼을 들고 있네요. 요리를 하는 것 같이 보이는데요."

"음, 그런 해석도 가능하겠지. '요리'라는 도구 체계를 적용하면 당연히 그렇게 보일 거야. 요리의 도구 체계 안에서라면 이 사람이 손에 든 것은 '식재료를 손질하기 위한 도구'가 되지. 하지만 '무기'라는 도구 체계를 적용하면 어떻게 되겠나? 그렇게 되면 이

번에는 '사람을 찌르기 위한 흉기'가 되지 않겠나?"

"아, 그 말을 들으니 그렇게 보이기도 합니다."

"이처럼 하나의 사물을 어떤 도구로 받아들일 것인가는 어떤 도구 체계를 적용할 것인가에 달려 있다네. 우리가 지금 앉아 있는 이 바위도 마찬가지야. 이 바위는 건축 자재로도 볼 수 있지만, 우리의 수업 도구 체계에서는 '의자'가 된 것이지. 즉, 세계는 단 한 가지 기능만을 할 수 있는 도구들의 총체가 아니라, 다양한 기능의 도구들을 공유하는 다수의 도구 체계들이 중첩되어 나타나는 것이라네."

그렇다면 인간도 '도구'일까?

문득 한 가지 의문이 들었다.

"저…, 인간에게 자신을 제외한 모든 건 도구라고 하셨는데, 이 말이 같은 인간에게도 적용될 수 있는 겁니까?"

"응? 자네가 자네 이외의 인간을 도구로 볼 수 있는지 묻고 싶은가? 맞네. 자네에게 다른 인간들은 모두 어떤 목적을 위해 존재하는 도구에 지나지 않다네. 자네는 어떻게 생각하나?"

나는 가장 가까운 사람들의 얼굴을 떠올려 보았다. 대신…, 시종…, 그들은 나의 도구인가? 넓은 의미에서…

"어쩌면 정말 도구일지도 모르겠습니다."

나는 잠시 망설이다가 대답했다.

"하하하, 그렇게 미안해할 필요 없네. 어차피 자네 주변의 사람들도 자네를 도구로 생각하고 있을 테니까."

"그들도 저를 도구로 생각한다고요!?"

"딱히 이상할 건 없지 않나? 자네가 상대방을 도구라고 보는 것처럼 상대방 입장에서 자네가 도구가 되는 건 당연한 일이지."

듣고 보니 맞는 말이었다. 그들이 내 시중을 드는 까닭은 내가 왕자이기 때문이고, 내게서 얻을 것이 있기 때문이다. 그렇게 생각하니 그들에게는 내가 자신들의 목적을 달성하기 위한 수단, 즉 도구일 수 있겠다는 생각이 들었다.

"하지만 그렇게 되면 결국 자기 자신까지도 포함해서 세상 모든 것이 전부 도구라는 말이 되지 않습니까."

"아니, 그렇지 않네. 이 세상에 존재하는 것은 모두 도구이지만, 자네는 아니야. 자네만큼은 특별한 존재라네."

"저만은 특별하다고요?"

"잘 듣게. 말했다시피 도구는 '사용 목적'이 있기 때문에 도구로서 존재한다네. 그렇다면 이러한 '목적'은 대체 무엇을 위한 목적일까. 예컨대 못은 망치로 박히기 위해 존재하지. 망치로 못을 박는 것은 집을 짓기 위해서이고. 집을 짓는 것은 그 안에 거주하기 위해서야. 이처럼 목적은 꼬리에 꼬리를 물고 이어지기 때문에, '무엇을 위한 목적인가?'라는 질문을 계속해서 던진다면 가장 근본적인 목적으로 거슬러 올라가는 것이 가능하다네. 그렇다면 그 끝에는 무엇이 있을까. 바로 '나 자신'이라네. 어떠한 도구에서 시작하든 간에 그것의 목적을 거슬러 올라가다 보면 결국에는 반드시, '나를 위해서'라는 궁극적인 목적에 도달하게 되지. 다시 말해 이 세상에 존재하는 것은 모두 '나'라는 궁극적인 목적을 위한 도구로서 존재한다는 말일세. 그러니 본디 자네는 세상에서, 도구 체계들의 세계에서 가장 중요하고 특별한 존재이며, 무엇과도 바꿀 수 없는 존재라네."

"다른 사람들이 저를 도구라고 생각하는데도 말입니까?"

"그래! 바로 그 점이 문제라네! 자네에게 자네 자신은 '무엇과도 바꿀 수 없는 특별한 존재'이지만, 다른 사람들이 보기에는 '한낱 도구에 지나지 않는 존재'라는 거지. 이런 어처구니없는 일이 또 있겠나! 하지만 사실 진짜 문제는 따로 있네. 사람들이 나를 도구로 여기는 것에 익숙해져 살다 보면 급기야 나 자신도 스스로를 도구로 여기게 된다는 거야."

"스스로를 도구로 여기게 된다…?"

"그래. 자네도 자신을 다른 사람을 위한 도구로 생각해 본 적이 있을 텐데?"

스승님의 말을 듣고 평소 생활을 돌이켜 보았다. 나는 왕가에서 태어난 왕자로서 왕자다운 옷을 입고 왕자답게 생활하고 있으니 주변 사람들을 위해 왕자의 역할을 수행하고 있다고, 즉 스스로 도구가 되고 있다고 말할 수 있을 것이다. 하지만 설령 그렇다 해도….

"제가 그랬는지도 모르겠습니다만, 자기 자신을 도구라고 생각하는 것이 무슨 문제라도 있습니까? 모든 사람에게는 각자가 맡은 역할이 있고 그 역할을 다할 책임이 있다고 생각합니다만."

세상 무엇보다 자기 자신이 가장 소중하다는 건 알겠다. 하지만 각자가 주변 사람들의 기대에 따라 하루하루를 살아 주지 않으면 모두가 곤란해질 것이다. 인간이 자신에게 주어진 역할을 받아들이는 것, 다시 말해 타인을 위해 도구가 되는 것은 이 사회에 꼭 필요한 일이 아닐까?

"흠, 그런가. 인간이 스스로를 도구라고 생각하는 것. 그것이 왜 문제인지 말해 주겠네. 자네 말대로 '인간의 도구화'는 사회가 정상적으로 작동하기 위해 꼭 필요한 것일 수 있네. 하지만 과연 그것이 인간의 '본래적 삶'이라고 말할 수 있을까?"

본래적 삶. 강의 첫날 나왔던 말이다. 상당히 인상적인 말이라 똑똑히 기억하고 있었다.

"아까도 말했듯이 자네 자신은 도구 체계들의 세계에서 '궁극적인 목적'이라네. 말하자면 이 세계의 왕이자 대체 불가능한 존재라고 할 수 있지. 자네는 공식적으로도 왕자이긴 하네만, 바로 그것이 모든 인간의 본래 모습이라는 말일세. 그런데도 인간들은 도구 체계 안에 자신을 꾸겨 넣고 함부로 무언가를 위한 도구가 되어 버리지. 그렇게 되면 무슨 일이 벌어질까? 가령 식사 도중에 포크가 부러지면 어떻게 하겠나?"

"그야 바로 다른 포크로 바꾸겠죠."

"그래. 그것이 바로 사람들이 도구를 대하는 자세라네. 만약 어떤 도구가 제 기능을 하지 못한다면 다른 것을 가져다 쓰겠지. 같은 기능의 도구라면 사용할 때 아무런 차이가 없을 테니까."

인간은 모두 행복한 왕자로 태어난다

나는 '도구'라는 말에서 어째서인지 자꾸 대신을 떠올렸다. 만약 그를 도구로 쓸 수 없게 된다면… 극단적으로 말해서 만약 그가 죽는다면…. 슬프기야 하겠지만 나는 머지않아 새로 임명된 대신과 함께 지난날과 다름없는 나날을 보낼 것이다. 그런 일은 쉽게 상상할 수 있다. 그건 대신도 마찬가지일 것이다. 만약 내가 죽더라도….

"그렇네요. 하나가 망가지더라도 같은 기능을 가진 다른 물건으로 대신하면 그뿐이니까요."

"그렇다네. 무언가를 '도구로 본다'라는 건 그런 뜻이야. 유용하긴 해도 얼마든지 대체할 수 있다는 것이지. 자네 자신이 그런 도구가 된다고 생각하면 무섭지 않나? 본디 무엇으로도 대신할 수 없는 존재인 내가, 얼마든지 대체 가능한 물건이 되는 거니까. 그런 걸 인간의 본래 모습이라고 할 수 없지 않은가."

"어째서 이런 일이 일어나는 걸까요?"

"이상한 일이긴 하지. 애초에 갓난아기는 모두 왕, 아니, 갓 태어났으니까 자네처럼 왕자라고 하는 게 낫겠어. 여하튼, 모든 아기는 하나부터 열까지 전부 다 도구들이 대신해 주는 행복한 왕자로 이 세상에 태어나지. 그리고 실제로 아기는 도구 체계를 학습해 가며 주변의 모든 것을 자신을 위한 도구로 인식하게 돼. 아기에게는 부모도 도구에 지나지 않는다네. 말 그대로 세계의 중심, 정점에 있는 존재라고 할 수 있지. 하지만 그랬던 아기가 점차 자라며 남들도 자기를 도구로 보고 있다는 사실을 알아가게 되지. 그러다가 결국 자신이 세상의 중심이라는 감각을 잃어버리고 어느샌가 도구 체계 안에서 자신이 있을 곳을 찾게 된다네. 구두공, 대장장이, 제빵사, 교사… 우리는 자신에게 주어진 사회적 역할을 받아들여야 할지 압박감을 느끼지만, 애초에 그런 식으로 자기 자신을 도구화하는 것 자체가 잘못된 생각이라네. 왜냐면 현존재는 망가지면 바꿔 쓸 수 있는 그런 도구적 존재가 아니니까!"

스승님은 현존재를 인간으로 바꾸어 말하기로 한 것도 잊은 채 흥분해서 외쳤다.

한편 나는 큰 충격을 받았다. '누구나 타인을 도구로 본다'라는 하이데거의 인간 분석. 내가 그런 식으로 남들을 보고 있었을 줄 몰랐다. 나 자신을 '남을 도구로 취급하는 냉정한 인간'으로 생각하기란 쉽지 않다.

하지만 실제로 나와 가깝진 않지만 내게 유용한 누군가가 죽는다면, 예컨대 궁정 요리사가 죽는다면 분명 나는 '깨진 접시를 갈아치우는 감각' 정도로 아무렇지 않게 그 자리를 대신할 사람을 찾을 것이다. 그렇게 생각하니 하이데거의 주장이 누구도 부정할 수 없는 진리처럼 여겨졌다.

또한 내게는 스스로를 도구로 여기고 있다는 자각도 없었다. 왜냐면 나는 왕자이고, 따라서 남들보다 더 특별하고 고귀한 존재임을 자부해 왔기 때문이다. 하지만 그런 나도 죽으면…. 마찬가지로 주위 사람들은 '깨진 접시를 갈아치우는 감각' 정도로 나를 대신해 왕위를 계승할 후계자를 뽑을 것이다.

즉, 세계는 나의 존재와 상관없이 계속된다.

그렇다. 나 또한 내가 죽은 뒤의 상황을 어렵지 않게 상상할 수 있고, 실제로도 그렇게 될 것이다. 결국 나조차도 나를 '무엇으로도 대신할 수 없는 존재'로 생각하지 않는다. 그 말은 곧—,

'나는 나 자신을 도구적 존재로 보고 있다.'

그제야 이해가 갔다. 내가 느끼는 죽음의 공포가 바로 여기서 비롯된 것이다.

나는 방금 내 안에서 이해된 것을 정리해 보았다.

① 내가 죽고 난 뒤의, 내가 없는 세계를 상상해 보았다.
② 그러자 아무 일 없다는 듯 세상이 돌아가는 모습이 그려졌고, 그러므로 나는 내가 '대체될 수 있는 존재'임을 깨달았다.
③ 내가 '대체될 수 있는 존재'라는 것은 나를 대신할 존재가 얼마든지 있다는 뜻이니, 결국 나는 이 세상에 있어도 그만 없어도 그만인 존재이며, 무가치하고 무의미한 존재에 지나지 않는다.

그렇다. 죽음은 나의 '도구적 특성', 즉 '대체될 수 있다'라는 비정한 현실을 가차 없이 내 앞에 들이밀기 때문에 내가 이렇게나 두려워하는 것이다. 죽음은 내가 애써 잊고 있던 사실을, 내가 '도구적 특성'을 지닌 존재라는 사실을 떠올리게 한다. 죽음은 '나'라는 존재가 '포크'나 '나이프'처럼 대체될 수 있는 도구에 지나지 않으며, 마지막에는 부서지거나 망가진 채 쓰레기통에 버려져 아무도 거들떠보지 않는 가운데 쓸쓸히 사라져 갈 물건에 지나지 않다는 사실을 상기시킨다.

"흠, 아무래도 비가 올 것 같으니 오늘은 이쯤에서 마무리하지."

스승님이 하늘을 올려다보며 말했다. 어쩌면 죽음의 공포에 새파랗게 질려 있는 나를 배려해 준 것일지도 모른다. 나는 반쯤 정신이 나간 상태로 힘없이 "알겠습니다"라고 중얼거리며 자리를 떴다.

비는 오지 않았다. 하지만 하늘을 뒤덮은 잿빛 구름은 걷힐 기미가 보이지 않았고, 멀리서 천둥 치는 소리가 들렸다.

∽

나는 흔들리는 마차 안에 앉아 오늘 나눈 '도구 체계'에 관한 이야기를 되짚어 보았다.

나는 남들을 도구로 보고 있지만 남들도 역시 나를 도구로 보고 있다. 따라서 내가 죽으면 곧바로 다른 누군가가 나를 대신할 것이며, 나는 그런 도구적 존재에 지나지 않는다.

　"후…."

　이 얼마나 우울한 결론이란 말인가. 나도 모르게 한숨이 나왔
다.

　하이데거의 이야기를 듣기 전까지 나는 내가 특별한 인간이라
생각하고 있었다. 그래서 주치의에게, '내가 죽을 리 없어! 그런
건 말도 안 돼!'라며 격분한 것이다. 물론 인간이라면 누구나 언젠
가 죽는다. 하지만 그건 나에게 아주 먼 미래의 일일 거라고, 만
약 죽음에도 순서가 있다면 나는 꽤 뒤쪽일 거라고 생각했다. 왜
냐면 나는 나 이외의 인간들과, 사라져도 아무 상관 없는 인간들
과 다르기 때문이다. 나는 이 나라에서 '왕자'라는 중요한 위치에
있고, 내가 맡은 중대한 역할을 아직 다하지 못했다. 그러니 뜻밖
의 병이나 사고로 죽는 것은 당연히 나 이외의 누군가일 거라고
믿어 의심치 않았다.

　하지만… 사실은 그렇지 않았다. 한 나라의 '왕'도, 왕의 후계자
인 '왕자'도, 왕자를 섬기는 '대신'도, 지금 이 마차를 몰고 있는 '마
부'조차도 죽음 앞에서 모두 동등한 것이다. 위치나 역할과 상관없
이 누구에게나 죽음의 순간이 찾아온다. 그리고 죽는 것이다.

　결국 내가 스스로를 특별한 존재라고 여기는 가장 큰 근거인
'왕자'라는 지위도 '대신'이나 '마부'나 '포크'와 마찬가지로 대체

될 수 있는 것에 지나지 않았으며, 전혀 특별한 것이 아니었다. 죽음, 그리고 하이데거 철학은 그 사실을 내게 분명히 알려 주었다.

"왕자님, 무슨 일 있으십니까? 안색이 안 좋으십니다."

고개를 들자 맞은편에 앉은 대신과 눈이 마주쳤다. 나는 황급히 시선을 피하며 말했다.

"오늘도 지난번처럼 마을을 통과해서 성으로 가 주게."

"알겠습니다. 분부대로 하겠습니다."

평소와 다름없이 정중하고 깍듯한 태도지만 오늘은 왠지 차갑고 기계적으로 느껴졌다.

"미안하군. 늘 제멋대로라서…. 고맙네."

"…네? 아, 아닙니다. 분에 넘치는 말씀을 들으니 황송해서 몸 둘 바를 모르겠습니다…."

대신은 순간 얼빠진 표정을 하였다가 곧 평소처럼 다소 억지스러운 미소를 지었다.

마차가 마을에 들어서자 지난번과 마찬가지로 사람들이 바쁘게 오가는 모습이 눈에 들어왔다. 여전히 사람도 건물도 지저분하기 짝이 없었고, 눈길을 끄는 것이 하나도 없었다.

이윽고 마차가 강가에 다다랐다.

나는 창에 바짝 달라붙어 바깥을 주의 깊게 살폈다. 땅바닥에 무기력하게 주저앉아 있던 빈민들이 마차를 보고 눈을 빛냈다. 지난번처럼 금화를 던져 줄지도 모른다고 기대하는 것 같았다.

나는 마부에게 마차의 속도를 줄이라고 지시한 뒤 앞을 못 보는 여자를 찾기 시작했다. 왜 여자를 찾고자 하는 것인지 나 자신도 알 수 없었다. 다만 어제와 달리 내 안에는 또렷한 죄의식이 존재했다. 예전의 나라면 상상도 할 수 없는 일이었다. 나는 고귀한 왕자이고 상대는 천한 빈민이다. 그런 상대라면 설령 내게 걷어차여 목숨을 잃었다 해도 전혀 개의치 않았을 것이다. 하지만 그것은 어디까지나 나를 '왕자', 여자를 '빈민'이라는 지위에 놓고 보았을 때의 이야기다. 무대에서 연기 중인 배우는 자신이 맡은 배역과 그 지위가 한시적이라는 사실을 알고 있다. 그리고 이제는 나도 나의 지위가 한시적이라는 사실을 알게 되었다. 그러니까 지위를 빼고 나면 결국 내가 여자에게 한 짓은, '한 사람이 다른 사람을 일방적으로 폭행해서 다치게 했다'라는 지극히 비열하고 잔인한 행위였다.

"더 천천히, 더 천천히 가 주게."

잠깐이라도 여자를 볼 수 있다면 그걸로 충분했다. 다시 눈을 뜰 수 있게 된 모습을 본다면 가슴을 짓누르는 무거운 안개가 걷히고 마음이 한결 가벼워질 것 같았다.

하지만 마차가 강가를 완전히 빠져나올 때까지 여자의 모습은 보이지 않았다.

제4장

본래적 삶

"무슨 일 있었나? 하룻밤 사이에 몰라보게 수척해졌군."

다음 날, 스승님은 나를 보자마자 이렇게 말했다.

"실은 한숨도 못 잤습니다. 어제 하신 이야기를 듣고 제 안에 있던 죽음의 공포가 되살아난 게 아닌가 싶습니다."

볼멘소리로 대꾸했지만 스승님은 껄껄 웃기만 했다.

"하하하, 그것참 잘됐군. 자네가 지금까지 도구의 삶을 살고 있었다는 사실을 깨달았으니 말일세."

호탕하게 웃어넘기는 스승님이 원망스러웠지만, 한편으로 그런 반응이 고맙기도 했다. 나는 어제 성으로 돌아가는 마차 안에서 생각한 내용을 우울한 기분으로 털어놓았다. 스승님은 말없이 고개를 끄덕이며 천천히 입을 열었다.

"제대로 이해한 것 같군. 인간은 누구나 자기 자신을 세상에 둘도 없는 존재로 여기지만, 그와 동시에 자신이 사회에서 어떤 역할을 맡고 있다고 생각하지. 예컨대 사람들은 자기를 소개할 때 '나는 촌장입니다', '나는 마을 주민입니다'라며 자신의 사회적 역할을 말하지 않나. 물론 이런 식으로 자신을 소개하면 상대방은 기억하기 쉽겠지만, 이는 결국 '나는 대체 가능한 존재입니다'라고 말하는 것과 다름없다네. 이렇듯 우리는 자신이 다른 무엇으로도 '대체될 수 없는 존재'라고 생각하면서도 실제로는 '대체될 수 있는 존재'로서 살아가고 있고, 그렇기 때문에 죽음을 생각하면 불안해지는 거라네. 왜냐면 죽음이 '나는 무가치하고 무의미한 존재이다'라는 비정한 현실을 눈앞에 들이밀면서 나라는 존재에 대한 환상을 깨부수기 때문이지."

"맞습니다. 지금 제가 딱 그런 상태입니다. 하지만 스승님께서는 제게 그렇게 생각하면 안 되고, 자기 자신을 대체 가능한 도구로 여기는 삶은 인간 본래의 삶이 아니라고 말씀하셨죠."

사람들은 '비본래적 삶'을 살고 있다

"음. 그랬지. 오늘은 그 부분에 대해 알아보도록 하지. 말했듯이 인간에게는 '본래적 삶'이라는 것이 있네. 그 말은 곧 그와 반대되는 삶, 즉 '비본래적 삶'도 있다는 뜻이지. 일단 우리 인간의 평소 생활은 기본적으로 '비본래적 삶'에 해당하네."

"그러니까 거의 모든 사람이 인간 본래의 삶을 살고 있지 않다는 말이군요. 꽤 충격적인데요, 그러면 그 전에 우선 '본래적'이라든지 '비본래적'이라든지 하는 건 대체 무슨 뜻입니까?"

"글자 그대로의 의미라네. 가령 사자에게 '사자란 본래 이런 동물이다'라는 고유한 본질이 있다고 했을 때, 어떤 한 사자가 그러한 본질에 따라 살고 있다면 '이 사자는 사자 본래의 삶을 살고 있다'라고 말할 수 있지 않겠나?"

"네, 이론적으로는 그렇겠네요. 예를 들어 '사자는 본래 고기를 먹는 동물이다'라는 것이 사자의 본질이라면, 고기를 먹는 사자는 '본래적 삶'을 살고 있다고 할 수 있을 것이고, 풀을 먹는 사자는 '비본래적 삶'을 살고 있다고 할 수 있겠죠. 지극히 당연한 얘기 같은데요. 그러니까 인간에게도 '인간이란 이런 것이다'라고 말할 수 있는 본질이 있고, 그에 따라 사는 것이 인간의 '본래적 삶'이라는 겁니까?"

"맞네. 그렇다면 하이데거가 생각하는 인간의 본질이란 무엇일까? 바로 이걸세.

《인간이란 자기 고유의 존재 가능성을 문제 삼는 존재이다.》

　좀 더 알기 쉽게 풀어서 설명하자면, '인간이란 자신이 어떤 존재인지를 묻는 존재이다'라고 할 수 있겠지."

　"어…, 죄송하지만 무슨 말인지 잘 모르겠습니다."

　'사자는 고기를 먹는 존재이다'는 알겠다. '물고기는 물속에 사는 존재이다'도 알겠다. 둘 다 지극히 상식적인 것이다. 하지만, '인간은 자신이 어떤 존재인지를 묻는 존재이다'는 잘 모르겠다. 하이데거가 그런 인간이라는 것은 알겠다. 그러나 왜 모든 인간이 그렇다는 건지, 대체 무엇을 어떻게 해야 이런 결론이 나오는 건지 이해가 가지 않았다.

　"하하, 괜찮네. 자네한테는 그런 말이 아직 지나치게 철학적이고 어렵게 느껴질 수도 있겠군. 다시 처음부터 차근차근 살펴보도록 하지. 앞서 '인간은 자신을 제외한 모든 것을 도구로 보고 있다'라는 이야기를 했었는데, 이 부분에 대해서는 이해했나?"

　"네, 그건 이해했습니다."

　"그렇다면 먼저, '본래 인간은 주위에 있는 것들을 도구로 보는 존재이다'라는 본질에서 시작해 보세."

　"네, 그것이 인간의 본질이라고 한다면 그 말은 충분히 납득갑

　　　　내일 죽는 행복한 왕자

니다."

　물론 지금 처음 들었다면 이 말도 이해할 수 없었겠지만 나는
이미 도구 체계에 관해 자세한 설명을 들은 상태였기 때문에 딱
히 이견은 없었다.

　"여기서 주의해야 할 점은, 예컨대 망치가 스스로 망치가 되어
세상에 존재할 수 있었던 건 아니라는 점이네. 즉, '처음부터 용도
가 정해진 물건이 세상에 굴러다니고 있던 것은 아니다'라는 거
지."

　스승님은 발치에 놓인 돌멩이 하나를 주워서 내 쪽을 향해 들
어 보이며 말을 이었다.

　"이건 지금 자네에게 아무 쓸모도 없는 한낱 돌멩이에 지나지
않아. 하지만 다른 사람을 향해 던지면 무기가 될 수 있고, 날카
롭게 갈아서 화살촉으로 쓸 수도 있겠지. 다시 말해 이 돌은 다
양한 도구가 될 가능성을 지닌 그런 존재라네."

　맞는 말이었다. 처음부터 화살촉이 될 운명을 타고난 돌은 없
으니까.

　"옳은 말씀입니다. 돌의 쓰임새에는 다양한 가능성이 있고, 그
중 하나를 인간이 자신의 목적에 따라 선택하는 거라고 할 수 있
겠지요."

　"그래. 그러니 인간이 주변 사물을 '도구로 본다'라는 것은 곧,

'사물의 가능성을 묻는 행위'라고 할 수 있겠지. 그렇다면 아까 말한 인간의 본질을 이렇게 바꾸어 말할 수 있지 않겠나? '인간은 주변 사물의 가능성을 묻는 존재이다'라고 말이네."

인간과 동물의 결정적 차이

표현이 조금 바뀐 것뿐이니 문제 될 것은 없었다. 하지만 뭔가가 걸렸다.

"저…, 무슨 말인지는 알겠습니다만, 그것이 정말로 인간에게만 해당하는 본질일까요? 인간 이외의 동물에게도 똑같이 적용할 수 있을 것 같은데요. 예를 들어 원숭이는 개미집에 나뭇가지를 집어넣어 개미를 잡아먹지 않습니까?"

"오, 좋은 지적이네. 실제로 곤충처럼 아주 작고 단순한 동물조차도 주변 사물을 도구로 이용하곤 하지. 그런 예는 얼마든지 찾아볼 수 있어. 그러니 자네 말대로 '사물을 도구로 본다'라는 것이 인간만이 갖는 특징이라고는 말할 수 없겠지. 하지만 '사물을 도구로 본다'라는 인간의 행위에는 다른 동물들에게서 찾아볼 수 없는 인간 고유의 특징이 포함되어 있다네. 그건 바로, 도구로 보는 대상에 자기 자신까지 포함시킨다는 거야."

　　　　내일 죽는 행복한 왕자

"도구로 보는 대상에 자기 자신을 포함시킨다고요…?"

"아까도 말했듯이 어떤 사물을 '도구로 본다'라는 것은 그 대상이 가진 가능성을 묻고 다양한 가능성 가운데 '그것이 무엇인지'를 선택하는 행위라고 할 수 있네. 그리고 인간은 자기 자신을 도구로 볼 수 있는 존재라네. 즉, 인간은 자신이 가진 가능성을 묻고 '내가 무엇인지'를 선택할 수 있는 존재란 것이지."

"그것이 다른 동물들에게서 찾아볼 수 없는 인간 고유의 특징…."

"하하, 아직도 잘 이해가 안 간다는 표정이군. 물론 개나 고양이도 인간과 마찬가지로 '내가 무엇인지'를 생각한다고 믿는 사람도 있겠지. 특히 개는 무리를 지어 생활하는 동물이기 때문에 무리 안에서 자기가 어떤 위치에 있고, 어떤 역할을 하는 존재인지 파악하고 있을 가능성이 충분히 있네. 하지만 내가 지금까지 살아온 시간, 그리고 앞으로 살아갈 시간을 전부 통틀어서 '내 인생에는 어떠한 가능성이 있는가?', '나라는 존재는 대체 무엇인가?', 이런 질문을 던질 수 있는 건 역시 인간뿐이라고 생각하지 않나?"

나는 하늘을 올려다보며 지금까지 들은 이야기를 머릿속으로 정리해 보았다.

애초에 모든 생물은 주변의 사물들을 인식해서 그것들을 이용하며 살아간다. 즉, '지금 내 앞에 있는 이것은 무엇인가?'를 묻고 그때그때 답을 선택하며 살아가고 있다는 것이다. 그렇다면 그러한 생물이 고도로 발달한 사고 능력을 갖추면 어떻게 될까? 아마 최종적으로 '자기 자신', 그리고 '자기 삶 전체'를 향해 질문을 던지게 될 것이다. 지금껏 생존 본능이나 일차적인 욕구에 따라서 '지금 내 앞에 있는 이것은 무엇인가?'를 물어온 생물이 어느 순간 '나'의 분명한 존재를 깨닫고 '나는 무엇인가?', '내가 살아온 인생은 무엇인가?'를 묻게 되는 것, 이것이 하나의 자연스러운 흐름이라고 할 수 있다.

"네, 이해했습니다. 듣고 보니 오히려 필연처럼 느껴지네요."

"다행이군. 그럼 결론을 말해 볼까. '인간이란 이런 것이다'라고 할 수 있을 인간의 본질이란 무엇인가? 그것은 바로 '인간이란 자신에게 고유한 존재 가능성을 문제 삼는 존재이다', 즉, '자기가 어떤 존재인지 묻는 존재이다'라는 거네."

"잠시만요. 그 주장이 논리적이라는 것은 알겠습니다. 그러나 그렇다면 거의 모든 사람이 본질에 따라 살고 있다, 그러니까 '본래적으로 살고 있다'라는 말이 되지 않나요?"

"흐음. 왜 그렇게 된다고 생각하나?"

"앞서 말씀하셨듯이 사람들은 보통 '나는 촌장이다', '나는 마을 주민이다'라는 식으로 자기를 소개하지 않습니까? 그런 식의 자기소개를 '나는 어떤 존재인가?'라는 질문에 대한 답으로도 볼

내일 죽는 행복한 왕자

수 있으니, 결론적으로 거의 모든 사람이 '본래적 삶'을 살고 있다
는 말이 될 것 같은데요."

"아니, 그렇지 않네. 애초에 그들이 말하는 '나는 ○○이다'가
정말로 자기 자신에 대한 질문을 통해 끌어낸 대답이라고 할 수
있을까? 예를 들어 젊은이, 자네의 정체는 뭔가? 자네는 자신이
무어라고 생각하나?"

'타인의 시선'에 의해 인생을 살고 있지 않은가?

"저는…"

나는 왕자이다. 깊이 생각하기도 전에 이런 말이 먼저 떠올랐
다.

"어떤가? 이 질문에 대해 아마도 자네는 반사적으로 자네의 신
분이나 지위나 이름 같은 걸 떠올렸을 거야. 하지만 그것이 과연
자네 자신의 가능성에 대한 질문을 통해 끌어낸 대답이라고 할
수 있겠나?"

"아니요…. 그렇지 않습니다. 스승님께서 말씀하신 것처럼 제가
떠올린 대답은 저 스스로 질문해서 내린 것이 아니었습니다. 하지
만…. 그렇다면 그것들은 대체 누가 정한 겁니까?"

"그야 물론 자네 이외의 사람들이지. 하이데거는 그것을 일상어로 '세간'이라 말하고 있다네. 방금 자네가 떠올린 대답은 '세간'이 정한 것이라고 할 수 있어."

"세간…."

"말하자면 이런 거지."

스승님은 땅에 떨어진 나뭇가지를 주워 땅바닥에 그림을 그리기 시작했다.

"알겠나? 인간이란 자신을 포함한 주변 사물들의 가능성을 묻는 존재라네. 그러한 질문의 방향을 화살표로 표현하면 이런 그림이 되겠지."

그림 한가운데에 '나'라고 적힌 인간이 있고, '나'는 내 주변의

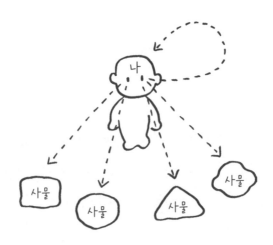

내일 죽는 행복한 왕자

다양한 사물들을 향해 화살표, 즉 '시선'을 던지고 있었다. 그리고

그러한 시선들 중에 나 자신을 향하는 것도 있었다. 아마도 이 것이 나 자신의 가능성을 묻는 시선인 듯했다.

"이게 바로 인간 본연의 모습이라고 할 수 있네. 다만 현실적으로 완벽히 혼자가 되어 살아가는 인간은 없어. 한 인간의 주변에는 수없이 많은 '타인'이 존재하기 마련이지. 그러면 어떻게 되는가…"

스승님은 그림 속 '나' 주위에 수많은 '타인'을 그려 넣었다. 그 러한 타인들로부터 대량의 화살표가 '나'를 향해 날아들었다.

"간단히 하면 이런 거네. 이 그림에서 화살표는 '가능성을 묻는 시선'을 뜻한다네. 그런데 내가 나에게 날리는 화살표는 하나지만,

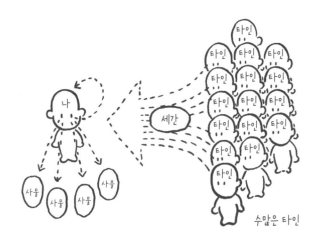

타인들로부터 날아드는 화살표는 비교도 안 되게 많지. 이렇듯 수많은 '타인의 시선'이 나 자신을 향하는 '나의 시선'을 가려 버리는 거야."

"수많은 타인의 시선…. 그게 바로 '세간'이라는 겁니까?"

"맞네. 물론 타인들로부터 날아드는 시선들은 각기 다른 의미를 담고 있겠지. 개중에는 나를 A라고 보는 시선이 있는가 하면 B라고 보는 시선도 있을 거야. 하지만 이러한 시선들이 나에게 쏠리다 보면 결과적으로 하나의 커다란 시선 같은 게 생겨나거든. 다시 말해, '타인들이 나를 어떻게 보고 있는가'에 대해 대략적인 답을 얻게 된다는 말일세."

"무슨 말인지 알 것 같습니다. 정리하자면 본래 스스로 정해야 하는 '나는 무엇인가?'라는 질문에 대한 답을 타인들, 그러니까 '세간'이 정하도록 내버려 두고 있으니 '비본래적'이라는 거군요. 하지만…"

"응?"

"세간의 평가가 대체로 옳다고 볼 수 있지 않을까요? 자기 혼자 아무리 '나는 ○○이다'라고 말한다 한들, 그건 어디까지나 자기만의 판단에 지나지 않으니까요. 스스로 '나는 이런 인간이다'라고 생각하더라도 다른 사람들이 모두 '아니, 너는 이런 인간이야'라는 시선으로 나를 본다면 그쪽이 맞지 않을까 싶은데요."

내일 죽는 행복한 왕자

"흠, 자네 말도 일리가 있네만 오해를 사게 되더라도 조금 거칠 게 말하자면 '세간에 의한 자기규정', 즉 '타인의 시선에 의한 자 기규정'은 전부 잘못되었다고 할 수 있네. 지난 이야기들을 떠올 려 보게. 인간은 자신을 제외한 모든 것을 도구로 보고 있다고 했 지. 그리고 자네 자신은 도구 체계들의 '궁극적인 목적'이며, 결코 도구가 아니라고 했어. 그 말인즉슨,

① 다른 사람들, 즉 '세간'은 당신을 도구로 본다.
② 하지만 당신은 도구가 아니다. 즉, 당신은 다른 무엇으로도 대신할 수 없는 특별한 존재이다.

이런 뜻이니까 결국 세간의 시선은 모두 틀렸다는 말이 되지. 오늘 자네는 나를 만나자마자 '죽음이 무섭다'라는 이야기를 꺼 내지 않았나? 그리고 죽음에 대한 공포의 근본적인 원인이 뭐라 고 했나. 그러한 공포심은 '자신이 딱히 소중하지도 특별하지도 않고 단지 대체될 뿐인 무가치하고 무의미한 존재에 지나지 않는 다'라는 사실을 깨닫게 되는 것, 다시 말해 '자신의 도구적 특성' 에 대한 자각에서 비롯된 감정이라고 할 수 있네. 그렇다면 자네 는 왜 그런 생각을 하게 되었을까?"

"아마도… '세간' 때문인 것 같습니다. 저를 도구 취급하는 '타

인의 시선'에 의해서 내가 무엇인지를 정하고 그걸 받아들인 거죠."

나는 땅바닥에 그려진 그림 속 나를 향해 날아드는 화살표들을 내려다보며 대답했다.

"맞네. 그리고 그런 시선들이 '내가 무엇인지'를 정하게 내버려두는 삶은 '비본래적 삶'이야. 그렇다면 자네는 첫 단추부터 잘못 끼운 상태로 인생을 살아왔다는 말이 되겠지. 자, 어떤가. 죽음은 자네에게 그 사실을 알려준 거라네. 자신의 존재 방식을 타인들이 정하게 두는 것은 잘못되었다고 말이야. 그렇다면 과연 죽음이 모든 것의 '원흉'이자 '문제'라고 할 수 있을까? 아니지. 자네가 인생의 첫 단추를 잘못 끼우게 만든 건 세간이고, 더 큰 문제는 세간의 시선을 그대로 받아들인 자네 자신에게 있다네."

"옳은 말씀입니다."

나는 고개를 크게 끄덕이며 공감을 표현했다. 그러나 한편으로 납득가지 않는 부분이 있었다. 내가 느낀 죽음의 공포가 '나의 도구적 특성'에서 유래한 것이고, 내가 나를 그렇게 생각하게 된 원인이 '타인의 시선', 즉 '세간의 시선'인 것은 사실이다. 하지만 원인을 밝혀냈다고 해서 문제가 해결되는 것은 아니다. 현실적으로 한 인간이 타인의 시선을 완전히 무시한 채 살아가는 것이 가능할까?

내일 죽는 행복한 왕자

문득 언젠가 왕국 공식 행사에 참석했을 때의 광경이 머릿속에 떠올랐다. 사람들이 꽉 끼는 예복을 입고서 '너는 왕자다'라고 말하는 듯한 눈으로 나를 쳐다보는 엄숙하고 공적인 자리. 그런 자리에서 갑자기 박장대소하거나 춤을 추는 것 같이 타인의 시선에 반하는 행동을 할 수 있을까? 그런 일은 불가능하다.

"그러니까 스승님 말씀은 '다른 사람의 눈은 신경 쓰지 말고 자기가 어떻게 살지 스스로 결정해라, 그것이 인간 본래의 삶이다'라는 건데요…."

"흠, 이론적으로 맞는 말이지만 실천하기 어렵다, 이 말을 하고 싶은가?"

"네, 맞습니다! 바로 그겁니다!"

"그런 의문을 가질 법도 하지. 타인의 시선은 무서울 정도로 큰 힘을 가지고 있어서 그에 저항하기란 불가능하다, 아마 다들 그렇게 생각할 걸세. 하지만 사실은 그렇지 않다네."

스승님은 껄껄 웃으며 말을 이었다.

"안심하게, 젊은이. 타인의 시선과 세간의 목소리가 아무리 강력하다 한들 그것들을 떨쳐낼 수 있을 정도로 자네는 거대한 힘을 가지고 있다네. 아니, 인간이라면 누구나 그 무엇에도 지지 않는 비장의 무기, 무적의 카드를 가지고 있지. 바로 '죽음'이야."

"죽음이 거대한 힘을 지닌 무적의 카드라고요…?"

"상상해 보게. 나는 곧 죽는다, 내일 죽는다고 말이야. 정말 그렇다면 일 분 일 초가 아까운 상황에서 다른 사람들이 나를 '왕자'라고 여기든, '미친 놈'이라고 여기든, 신경이나 쓰겠나?"

상상해 보았다. 그리고 대답은 명백했다.

그 어떤 중요한 행사 도중이라 해도 죽음을 앞두고 있다면 나는 다른 사람들의 시선 따위 깨끗이 무시한 채 당장 그 자리를 떠날 수 있을 것이다.

죽음의 다섯 가지 특성

"네, 정말 죽음을 앞둔 상황이라면 사람들의 시선 따위 전혀 신경 쓰지 않을 겁니다."

"그렇다네. 다시 말해 죽음에는 세간의 시선을 쳐내는 강력한 힘이 있다는 말일세. 그건 그렇고, 자네는 죽음이 어떤 것인지 알고 있나? 아니면 죽음에 대해 생각해 본 적이 있나? 하이데거는 '죽음의 현상'을 분석한 결과, 죽음에는 다음의 다섯 가지 특성이 있다고 했네.

① 확실성

② 무규정성

③ 능가할 수 없음

④ 무관계성

⑤ 고유성

하나씩 살펴보도록 하지. 우선 ① 확실성은 '죽음은 누구에게나 확실하게 찾아온다'라는 뜻이고, ② 무규정성은 '죽음이 언제 어떻게 찾아올지 정해져 있지 않다'라는 뜻이네. 여기까지 이해했나?"

"네, 이해했습니다. 인간은 반드시 죽지만 언제 어떻게 죽을지 정해진 것은 아니다. 당연한 말이네요."

"다음으로 등장하는 ③ 능가할 수 없음은 설명하기 좀 까다로운데, 그러니까 이건 '어떠한 가능성도 죽음을 능가해서 미래에 존재하는 것이 불가능하다'라는 뜻이라네. 예를 들어 지금 자네에게는 다양한 가능성이 존재하지 않나? 오른손을 들어 올릴 수도 있고, 하늘을 올려다볼 수도 있고, 갑자기 내게 주먹질할 수도 있어. 모든 가능성이 열려 있는 상태지. 하지만 자네가 죽으면 그러한 가능성이 어떻게 되겠나? 당연히 전부 사라지겠지. 어떠한 가능성도 죽음을 능가해서 존재할 수 없으니까."

"한마디로 '죽으면 그걸로 끝이다'라는 거네요?"

"음, 정확하네. 죽음은 모든 가능성의 끝이고 죽으면 아무것도 할 수 없어. 이것이 바로 죽음의 세 번째 특성이라네. 네 번째는 ④ 무관계성. 이건 '죽으면 모든 관계가 사라진다'라는 것을 의미하네. 왜 '그 무엇도 죽을 때 가져가지 못한다'라고 하지 않나. 자네가 죽는 순간 자네가 지금 맺고 있는 모든 관계는 소멸하지. 이 세상에 존재하는 모든 것… 도구, 타인, 재산, 지위, 평판… 이런 것들과 자네는 아무런 상관이 없게 된다는 말이네."

"잠시만요. 죽어서 이름을 남기는 위인도 있지 않습니까? 그리고 제가 죽으면 아마… 폐하께서도 주변 사람들도 슬퍼할 겁니다. 그렇다면 죽음과 동시에 제가 지금 맺고 있는 모든 관계가 다 사라진다고 볼 수는 없지 않을까요?"

"그건 자네가 '타인의 눈'으로 죽음을 바라보고 있기 때문에 그런 생각이 드는 거라네. 지금은 다른 누구도 아닌 바로 자네의 죽음을 이야기하고 있으니, 어디까지나 자네 자신이 되어 생각해 봐야 하네. 죽은 자네가 다른 것들과 어떤 관계가 있을 수 있다고 생각하나?"

말문이 막혔다.

죽으면 그걸로 끝이다.

다른 사람들이야 어떻든 죽은 나와는 관계가 없다. 죽은 나는 생각할 수도 느낄 수도 없다. 내 시점에서, 죽음에는 어떠한 관계성도 성립되지 않는다. 이것을 하이데거식으로 표현하자면 '어떠한 관계의 가능성도 죽음을 능가해서 존재할 수 없다'라고 할 수 있을 것이다.

"아무런 관계도 없습니다…."

침울한 마음으로 마지못해 대답했지만 스승님은 신경 쓰지 않고 말을 이어 나갔다.

"그럼 죽음의 마지막 특성에 대해 살펴보도록 하지. ⑤ 고유성. 이것은 '죽음은 당사자에게 고유한 것이다', 다시 말해 '죽음은 당신에게만 일어나는 일이며 절대 남이 대신할 수 없다'라는 뜻이네."

"죽음은 나에게만 일어나는 일이다…?"

"여기서도 '자신의 죽음'과 '타인의 죽음'을 혼동해서는 안 되네. 사람들은 보통 죽음에 대해 생각할 때 '누군가의 죽음'을 떠올리기 마련이지만, 지금 우리가 논의하고 있는 죽음은 '나 자신의 죽음'인 것을 잊지 말게. 실제로 '자신의 죽음'과 '타인의 죽음'은 근본적으로 다르거든. 그럴 수밖에 없지 않겠나. '타인의 죽음'이 '누구나 알 수 있는 일'인 반면에, '자신의 죽음'은 '나만이 경험하는 일'이지. 다른 누가 아닌 나 자신이 사라지는 감각, 그러한 경험이 우리가 논의하고 있는 '죽음'이라고 한다면 그건 당연히 '나 자신에게만 일어나는 일'이 되겠지."

"죽음은 나 자신에게만 일어나는 일이다…."

"맞네. 그리고 죽음이 '나 자신에게만 일어나는 일'이라는 건 바꿔 말하면 '누구도 대신할 수 없는 일', 즉 '양도 불가능한 사건'이라는 말이 되지."

죽음은 타인에게 양도할 수 없다. 나는 누군가가 나 대신 죽어 주는 경우를 생각해 보았지만 결국 최종적인 의미에서의 양도라고 할 수 없을 것이다. 가령 전쟁터에서 대신이 나 대신 화살에 맞아 죽더라도 내가 언젠가 반드시 죽는다는 사실은 변함이 없다. 그리고 내가 진짜로 죽게 되었을 때 그 죽음을 누가 대신해 주는 것은 불가능하다. 애초에 '나의 죽음'은 '나'에게만 일어나는 일이고, 그것이 당연하니, 남에게 넘길 수 있을 리가 없다.

"지금까지 설명한 내용을 바탕으로 죽음의 다섯 가지 특성을 알기 쉽게 다시 말해 보겠네.

① 반드시 죽는다
② 언제 죽을지 알 수 없다
③ 죽으면 그걸로 끝이다
④ 죽으면 모든 관계가 사라진다
⑤ 죽음은 양도할 수 없다

자, 하이데거의 죽음에 대한 분석을 들어 보니 어떤가?"

"기분이 너무 우울합니다. 물론 하이데거가 말한 것들이 죽음이 가진 특성이라는 건 부정할 수 없습니다. 하지만 저는 그와 동시에 죽음이 얼마나 절망적인 것인지 뼈저리게 느꼈습니다. 하이데거는 이런 분석을 통해 대체 뭘 말하고 싶었던 걸까요?"

"희망이라고는 찾아볼 수 없는 절망적인 이야기라고 생각하나?"

"당연하지 않습니까! 대체 어느 부분에서 희망을 찾을 수 있다는 겁니까?"

죽음이 가져다주는 뜻밖의 선물

"잘 생각해 보게. 자네가 죽음을 두려워하는 건 자네가 대체될 수 있는 도구로 살아가고 있기 때문이라고 하지 않았나. 여기서 죽음의 특성 중 ④와 ⑤에 주목해 볼 필요가 있다네. 이 두 가지가 성립할 때도 자네는 여전히 도구일까?"

"④와 ⑤ 말입니까? ④, 죽으면 모든 관계가 사라진다, ⑤, 죽음은 양도할 수 없다…."

"우선, '모든 관계가 사라진다'라는 것부터 살펴보도록 할까. 예전에 내가 도구 체계를 그렸던 것을 기억하나? 그것이 바로 이 이야기의 전제라고 할 수 있네. 이 세상에 존재하는 모든 것은 도구이며, 관계성을 띠지. 예를 들어 '나무판 ↔ 못 ↔ 망치', 이런 식으로 말일세. 이처럼 각각의 도구는 반드시 다른 도구와의 관계 속에서만 존재하고, 다른 도구와 관계를 맺지 않는 '단독적인 도구'라는 것은 존재하지 않아. 자네 또한, 자네가 이 세상에 태어나서 주변의 사물들을 인식하기 시작했을 때부터 자네는 이미 도구 체계들 안에 내던져진 상태였고, 어느샌가 자신을 도구로 여기게 되었지. 죽음은 그런 상태에서 자네를 해방시키는 역할을 하네. 모든 관계를 끊음으로써 말이야."

"어… 단독으로 존재하는 도구는 있을 수 없으니까… 죽음으로 인해 내가 맺고 있는 모든 관계가 사라지게 되면… 나는 더 이상 도구가 아니게 된다. 이런 겁니까?"

"그래! 바로 그 말이네. 다음으로, '죽음은 양도할 수 없다'를 살펴보도록 하지. 애초에 도구란 본질적으로 대체될 수 있는 것이네. 예를 들어 포크, 접시, 테이블, 이런 것들은 각자가 도구로서의 기능과 역할을 가지고 있고, 그렇기 때문에 같은 기능과 역할을 하는 다른 것으로 대체될 수 있지. 따라서 '모든 도구는 대체될 수 있다'라고 말할 수 있네. 그리고 이것을 뒤집으면, '대체될 수 없다면 도구가 아니다'가 되고. 여기까지는 이해했나?"

　　　　내일 죽는 행복한 왕자

"네."

그러니까 '모든 까마귀는 새이다'가 참이라면, 그 대우 명제인 '새가 아니라면 까마귀가 아니다' 역시 참이라는 논리다. 잘 생각해 보면 그리 어려운 이야기가 아니었다.

"그렇다면 '자네 자신의 죽음'이라는 문제에 있어서 자네는 '누구도 그 죽음을 대신할 수 없는 존재'라네. '누구도 대신할 수 없다'라는 건 곧 '대체 불가능하다'라는 말이고, 이로써 자네가 죽음 앞에서 도구가 아니라는 사실이 명백해지는 거지. 이런 역할을 할 수 있는 건 죽음뿐이야. 오직 죽음만이 자네가 다른 무엇으로도 대신할 수 없는 소중한 존재임을 일깨워 준다네. 자네의 죽음이란 자네만의 것이고, 자네만의 문제니까."

"나의 죽음이란 나만의 것이고, 나만의 문제다…."

"자, 그럼 지금까지 한 이야기를 바탕으로 다시 한번 죽음에 대해 생각해 볼까? 이제 자네는 죽음이 눈앞에 닥치면 주저 없이 타인의 시선을 벗어던질 수 있다고 생각하게 되었네. 그 이유가 뭐라고 생각하나?"

"글쎄요, 어떻게 설명해야 좋을지 모르겠지만 일단 머릿속에 떠오르는 것을 말해 보자면 '지금 그게 중요한 게 아니야'라고 할까요…. 내가 죽어서 사라진다, 이런 엄청난 사건에 비하면 '타인의 시선'은 너무나도 하찮고 사소한 문제처럼 여겨집니다."

"흠흠, 그런가. '지금 그게 중요한 게 아니야'라, 좋은 표현이군. 그렇다면 자네는 왜 그렇게 생각했을까? 죽음을 앞두고 자신의 도구적 특성이 부정당했기 때문이 아닐까? 만약 자네가 자기 자신을 도구라고 여긴다면 '타인의 시선'을 무시할 수 없지. 왜냐면 도구의 의미를 규정하는 것이 바로 '타인의 시선'이니까. 똑똑한 사람처럼 보이고 싶다, 재미있는 사람처럼 보이고 싶다, 유능한 사람처럼 보이고 싶다 등등. 자신이 그러한 기능들을 가진 유용한 도구임을 증명하려면 다른 사람들에게 인정받는 것이 중요하다네. 그렇기 때문에 스스로를 도구로 여기는 사람들에게 '타인의 시선'은 목숨이 달려 있을 정도로 거대한 영향력을 갖고 있다고 할 수 있어. 하지만 누구도 대신할 수 없는 자신의 죽음 앞에서는 자신의 도구적 특성이 부정당하게 되지. 바로 그 순간, '타인의 시선'은 영향력을 잃고, 인간은 비로소 자신의 실존을 묻기 시작하는 것이라네."

"자신의 실존…?"

"본래적 삶이라고 해도 되겠지. 생각해 보게. 지금까지 '나는 도구다'라고 생각하며 살아왔는데 어느 날 갑자기 죽음 앞에서 '나는 도구가 아니다'라는 사실을 깨닫게 된다면, 당연히 '그렇다면 나는 어떤 존재인가?'와 같은 자신의 존재 자체에 대한 의문 또는 지금까지의 삶에 대한 의문이 들지 않겠나? 실제로 죽음을 직면

한 자네에게 묻겠네. 시한부를 선고받고 죽음을 실감했을 때 어떤 생각이 들던가?"

"…"

"어렵게 표현하지 않아도 좋으니 편히 말해 보게."

"죽고 싶지 않아, 죽기 싫어, 왜 나한테 이런 일이… 가장 먼저 이런 원망의 마음이 들었습니다. 그리고 시간이 조금 흘러 죽음을 피할 수 없다는 사실을 받아들이게 되었을 때 제 머릿속에 떠오른 생각은… '내 인생은 대체 뭐였을까?'라는 거였습니다. 아, 그러고 보니 방금 스승님께서 말씀하신 그 질문이네요. 그리고 질문에 아무런 대답도 할 수 없어서 인생의 무의미함에 절망한 나머지 스스로 목숨을 끊고자 할 정도로 지독한 괴로움에 몸부림쳤습니다."

"그래. 아마도 죽음을 선고받은 인간이라면 누구나 자네와 같은 질문을 던지게 되지 않을까 싶군. 여기서 하이데거가 말한 인간의 본질을 다시 한번 떠올려 볼까. 그는 인간을 이렇게 말했지.

'인간이란 자신에게 고유한 존재 가능성을 문제 삼는 존재이다.'

이 말을 머릿속에서 계속 반복해 보게. 난해하기로 유명한 하이데거의 저 말도 지금이라면 이해할 수 있을 것 같지 않나? 죽

음을 선고받고 죽음이 눈앞에 닥쳤을 때 떠오르는 질문,

'내 인생은 뭐였을까?'
'나란 존재는 대체 뭐였을까?'

자신에게 고유한 인생은 무엇이었을지, 그 가능성에 대한 질문. 죽음을 앞두고 인생의 마지막 순간에 떠올린 질문이 이러한 것이라면, 본래 인간이라는 존재는 이 질문에 답하기 위해 이 세상에 태어나서 살아간다는 말 아니겠나."

정신이 번쩍 들었다. 스승님의 말씀, 아니 하이데거의 말이 자연스럽게 내 몸속으로 스며드는 감각이었다. 인생의 마지막, 죽음의 순간에 모두가 같은 질문을 한다면…. 그것에 대한 대답이 바로 인간이 살아가는 목적이며, 그 목적을 추구하는 것이 인간 본래의 삶이라고 말할 수 있지 않을까.

"그렇다면 스승님, 그 질문의 답을 구하려면 어떻게 해야 할까요?"

"음, 어려운 질문이군."

"어렵다고요? 설마 또 답이 없다는 겁니까?"

"가장 큰 문제는 그 질문에 대한 대답의 주체가 자네 자신이어야 한다는 것이네. 다른 사람의 대답을 물려받는다면 그 대답은

결코 자네 고유의 것이 될 수 없으니 말이야. 더군다나 자네는 아직 하이데거 철학을 절반 정도밖에 이해하지 못한 상태라네."

"아직 그 정도밖에 안 된다고요?"

"그렇다네. 여기서부터 훨씬 더 복잡한 이야기가 이어지거든. 아마 지금의 자네가 이해하기 어려울 걸세."

"지금 제게 부족한 게 대체 뭔가요?"

"단도직입적으로 말하자면 타인과의 교류라네."

"교류…요?"

"나는 지금까지 자네가 이해하기 쉽도록, 예컨대 '나 이외의 존재는 타인을 포함해서 모두 도구에 지나지 않는다'라고만 말했지. 하지만 같은 철학자들조차 혀를 내두를 정도로 난해하기로 유명한 하이데거가 그렇게 쉬운 이야기만 했을 리 없지 않겠나. 당연히 훨씬 더 어렵고 복잡한 이야기가 이어졌겠지. 그도 그럴 수밖에. 타인과 포크가 둘 다 도구라고 하지만 이 둘이 같다고 볼 수는 없네. 자네도 다른 사람 앞에서 수치심이나 양심의 가책을 느껴 본 적이 있겠지만 그와 동일한 감정을 포크를 상대로 느낀 적은 없지 않나. 따라서 타인과 포크는 자네와 각기 다른 성격의 관계를 맺고 있다고 할 수 있지."

"말하자면 세상 모든 것은 제게 있어 도구적 존재이지만, 타인만큼은 다른 도구들과 구별되는 특별한 존재인 거군요."

"하하하, 훌륭하군. 철학적 수사법이 꽤 몸에 밴 것 같군. 그것과 별개로 내가 우려하는 건 자네가 왕족이다 보니 성 밖의 사람들을 만나 볼 기회가 없었을 거라는 점이네. 아무리 열심히 귀 기울여 듣는다 한들 접해 본 적 없는 타인의 존재를 근본적으로 이해하기는 힘들 테니까."

"그럼 제가 어떻게 해야 할까요?"

"음, 이걸 받게."

스승님은 누더기처럼 보이는 것을 내게 건넸다. 의아한 표정을 짓는 나를 보고 스승님이 껄껄 웃었다.

"내 옷을 빌려줄 테니 이걸 입고 거리로 나가 보게. 자네에게 있어 평범한 도구에 불과한 사람들을 직접 만나 보란 말이네."

제5장

죽음의 각오

나는 스승님이 준 옷을 입고 거리로 나섰다. 거리는 변함없이 지저분했고 거적때기를 걸친 사람들이 바쁘게 오가는 광경이 눈에 들어왔다. 스승님이 내게 밖에 나가서 사람들과 교류하라고 했지만 주위를 둘러보면 쉽게 말을 걸 수 있을 분위기가 아니었다. 점심시간인데도 모두가 분주해 보였다. 어떻게 할까 망설이며 거리를 정처 없이 걷다 보니 나도 모르는 사이에 발걸음이 강가로 향했다.

강가에 도착하자 차가운 바람이 매섭게 몰아치며 내 뺨을 때렸다. 따스한 봄기운은 조금도 느껴지지 않았다. 습기를 잔뜩 머금은 축축한 땅 위로 더러운 천이 덮인 허름한 천막집들이 죽 늘어 선 채 거센 바람에 흔들리고 있었다.

나는 앞을 못 보는 여자를 찾았다. 내가 전갈한테 쏘인 나무 아래에서 마주쳐 커다란 사파이어가 박힌 구두로 내게 얼굴을 걷어차인 그 여자. 왕궁 밖에서 내가 찾고 싶은 사람은 그 여자뿐이었다.

문득 가까이에서 물이 첨벙거리는 소리가 들렸다. 소리에 이끌리듯 고개를 돌리자 차가운 공기가 옷 속으로 파고들며 빨래를 하는 여자가 보였다. 그 여자였다. 한 사람의 몫이 아닌 대량의 옷 더미가 옆에 쌓인 것을 보니 이 주변 사람들의 빨래를 도맡아서 하는 듯했다.

상처가 나았는지 확인하고 싶어서 슬며시 다가가자 인기척을 느낀 여자가 이쪽을 획 돌아보았다. 한쪽 눈만 간신히 뜬 채 눈가의 상처는 그대로였다. 아니, 오히려 전보다 상태가 더 안 좋아진 것 같았다.

"아, 흉한 얼굴을 보여서 죄송합니다. 며칠 전에 크게 넘어지는 바람에…."

내가 얼굴의 상처를 보고 놀란 것을 알았는지 여자가 허둥지둥 설명했다.

"눈을… 다쳤나?"

내일 죽는 행복한 왕자

나는 애써 덤덤한 척하며 목소리를 쥐어짰다.

"네…."

"그런가…. 여러모로 힘들겠군."

"그래도 이제 꽤 익숙해졌습니다."

"혼자 사는가? 가족은?"

"여동생이 하나 있었는데 얼마 전에 병으로 죽었습니다. 하지만 이웃 사람들이 다들 저를 가족처럼 돌봐 줘서 괜찮습니다."

"그런가…."

왜 상처를 치료받지 않느냐고 묻고 싶었지만 뻔한 질문이 될 것 같았다.

"저…, 제게 무슨 볼일이라도 있으신가요?"

"내일 이 시간에 여기로 오게."

"이자는 이 나라에서 가장 뛰어난 의사다."

다음 날 나는 주치의를 데리고 강가로 돌아갔다. 갑작스러운 전개에 여자는 영문을 모르겠다는 표정을 지었다.

"무슨 말씀이신지…"

"이자에게 치료를 받거라. 실력은 내가 보장하지."

"저는 돈이 없습니다."

"돈이라면 내가 얼마든지 가지고 있다. 그냥 돕고 싶어졌을 뿐이니 사양할 필요 없다."

"모르는 분께서 어찌…"

"…오르카. 내 이름은 오르카다."

오스카라는 본명을 알려줄 수 없는 노릇이라 즉석에서 이름을 지어냈다.

"아니, 이분은 왕, 읍!"

사정을 전혀 모르는 주치의가 눈치 없이 끼어들려고 하길래 재빨리 입을 틀어막은 뒤 잔말 말고 어서 진찰을 시작하라고 했다.

잠시 후 진찰을 마친 주치의는 나를 여자가 사는 허름한 천막집 밖으로 데리고 나오더니 겨우 풀려났다는 듯 한차례 크게 심호흡을 했다.

"오스카 왕자님, 이런 지저분한 곳으로 저를 데려오는 것은 가급적 삼가 주시기 바랍니다."

왕궁에서 일하는 의사이니 아마도 이런 빈민가로 진찰을 나온 것은 이번이 처음이었을 것이다. 주치의는 한숨을 쉬며 고개를 절레절레 저었다.

"미안하게 됐네. 그래, 자네가 보기에 어떤가?"

"말씀드리기 송구하오나 상처가 덧나 눈 안쪽까지 감염이 심각합니다. 제때 치료받았더라면… 그러나 이미 너무 오래 지난 상태라 가망이 없습니다."

"그게 정확히 무슨 뜻인가?"

"이대로 감염이 온몸으로 퍼지면 고열이 나면서 몸을 움직이지 못하게 되고, 그 상태로 체력이 다하면 죽게 됩니다."

♬

이튿날―,

내가 음식을 싸 들고 다시 여자를 찾았을 때 여자는 고열로 쓰러져 있었다.

나는 자리에 누워 있던 여자를 일으켜 앉히고 내가 가져간 음식을 앞에다 펼쳐 놓았다.

"세상에… 이게 다 음식인가요? 오르카 님, 정말 감사합니다만… 저한테 왜 이렇게까지 해 주시는 건가요?"

죄책감 때문이라고 솔직하게 털어놓을 수 없었다. 지금 앞에 있는 나 때문에 자기가 죽어가고 있다는 사실을 알면 무슨 생각이 들까. 그러고 보니 얼마 전 병으로 죽었다는 여동생도 나 때문에 죽은 것일지도 모른다. 그날 결국 먹을 걸 구하지 못했을 테니까….

"힐다…예요."

"응?"

"제 이름이요."

"아, 으응."

어떻게 반응해야 할지 몰라서 얼버무리고 말았다.

"제 눈이 이래서… 몰라뵈었지만, 혹시 제가 아는 분일까요?"

"아, 아니다."

"그렇군요…."

어쩌면 목소리를 듣고 내 정체를 알아차렸을지도 모른다. 그런 생각을 하자 등에서 식은땀이 흘렀다. 어서 화제를 바꿔야 한다는 생각에 무작정 입을 뗐다.

"저기,"

"네?"

"나는 좀처럼 사람들과 교류할 기회가 없어서 그게 고민이다. 강가로 나온 것도 그래서이다. 괜찮다면 잠시 내 말 상대가 되어 주지 않겠나?"

"제가요…? 오르카 님은 부자시니 대화할 사람이라면 얼마든지 있을 텐데…. 저라도 괜찮으시다면…"

"그야 당연하지."

"그러면… 오르카 님은 평소에 뭘 하시나요? 부자들은 어떻게 사는지 궁금해요."

"어?"

나는 내가 왕자라는 사실이 드러나지 않도록 조심하면서 평소에 하는 일들을 이야기했다. 잘 꾸며진 정원에서의 산책, 매일 열리는 연회, 산해진미, 댄스파티… 너무 거부감이 들지 않도록 최대한 구체적이지 않게 설명하는데도 힐다는 난생처음 듣는 이야기에 놀라워하며 내 목소리에 집중했다. 그러다 보니 기분이 좋아졌다. 누군가에게 이런 이야기를 하는 것도, 누가 내 이야기를 이렇게 열심히 들어주는 것도 다 처음이었다. 나는 우쭐해진 나머지 어디선가 주워들은 모험담까지 떠들어 댔다. 이집트에서 피라미드를 구경하고 끝없이 이어지는 사막을 낙타로 여행한 일, 그런 모험을 내가 한 것처럼 꾸며서 말했다.

한참 동안 귀 기울여 듣던 힐다가 갑자기 거센 기침을 토해 냈다. 그러고는 쓰러지듯이 몸을 풀썩 뉘었다.

"이런…, 무리하게 했군. 이만 가겠네."

"아니에요. 그러면 남은 이야기는 다음에 들려주시겠어요?"

"그래, …약속하지. 다시 오겠네."

힐다는 내게 인사를 하려고 몸을 일으키다가 또다시 쿨럭거렸다.

"무리하지 말게. 이만 푹 자도록 해."

나는 짧게 인사를 하고 밖으로 나왔다.

성으로 돌아오는 내내 생각해 보았다. 힐다 앞에서 나는 순간적으로 '약속'이라고 말하기를 망설였다. 나는, 그리고 힐다는 당장 내일 죽을지도 모른다. 그렇게 되면 우리가 한 약속은 지켜질 수 없을 것이다. 그렇다면 과연 그런 약속을 하는 의미가 있을까.

문득 멈춰 서서 하늘을 올려다보자 해가 저물어 어두워진 하늘에 드문드문 별이 떠 있었다. 멀리서 나를 부르는 대신의 목소리가 들려왔다. 내가 늦게까지 돌아오지 않자 걱정이 되어서 성 밖으로 찾으러 나온 듯했다. 하지만 나는 그 자리에 못 박힌 듯 한참을 그렇게 서 있었다.

소중한 사람의 남은 수명을 알게 된다면?

"그래, 마을 사람들을 만나 봤나?"

다음 날 스승님을 찾아가서도 내 머릿속은 온통 힐다 생각뿐이었다. 열은 내렸을까. 설마…. 어젯밤부터 계속 그 생각만 하다 보니 도무지 스승님의 말이 귀에 들어오지 않았지만 나는 정신을 바짝 차리고 질문에 대답했다.

"네, 만나서 함께 이야기를 나누었습니다. 그런데 스승님, 한 가

내일 죽는 행복한 왕자

지 질문이 있습니다."

"뭔가?"

이참에 힐다에 관한 생각을 정리해 두지 않으면 앞으로 나아갈 수 없을 것만 같은 기분이 들었다. 나는 나를 괴롭히는 생각을 스 승님께 털어놓았다.

"스승님께서는 전에 '자기가 언제 죽는지 아는 것은 행복한 일 이다'라고 말씀하셨습니다만, 정말 그럴까요? 예를 들어 가족이나 친구의 살날이 얼마 남지 않았다는 사실을 알게 된다면, 그 사실 을 본인에게 알려야 할까요?"

"물론 알려야지. 그야 말하는 사람은 힘들겠지. 듣는 사람도 힘 들 테고. 하지만 그 사람이 본래적 삶을 살 수 있도록 반드시 전 해야만 하네."

역시 예상대로 스승님의 답변은 명확했다. 각자의 사정이나 상 황에 따라 다를 수 있다는 식의 애매한 대답이 아니라서 신뢰가 갔지만, 동시에 살짝 짜증이 났다.

"저도 머리로는 이해하지만 현실은 이론과 좀 다르지 않을까 요? 저는 인간이 그렇게 강하지 않다고 봅니다. 준비되지 않은 상 태에서 자신의 죽음을 알게 되면 자신의 인생을 살기는커녕 절망 에 빠져서 남은 삶마저 포기하게 될 가능성이 더 높을 것 같은데 요."

"흠, 무슨 말인지 알겠네."

실제로 죽음을 선고받고 남은 삶을 포기할 뻔했던 당사자의 말이니 더 설득력이 있었을 것이다. 스승님은 잠시 무언가를 생각하는가 싶더니 다시 입을 뗐다.

"물론 죽기까지 남은 시간을 알려준다고 해서 반드시 본래적 삶을 살게 되는 것도 아니고, 오히려 스스로 죽음을 앞당기게 된다면 그야말로 본말전도라 할 수 있겠지. 하지만 그럼에도 불구하고 알릴 필요가 있다고 생각하지 않나? 인간이 자신의 죽음을 의식하려면 역시 죽음을 선고받는 것 외에 다른 방법이 없을 것 같네만. 자네 역시 그렇지 않았나."

"그건 그렇습니다만…. 저는 하이데거 철학을 만나기 전부터 모든 인간이 언젠가 반드시 죽는다는 사실을 알고 있었지만, 내심 저와 무관한 일이라고 생각하며 살아왔습니다."

"하이데거는 이렇게 말했지. '대다수의 인간은 죽음을 외면한 채 살아가고 있다'라고 말이야. '죽음을 망각했다'라고도 하지. 하이데거의 저서에는 이렇게도 적혀 있다네. '인간은 누가 죽었다는 소식을 듣고도 자신이 아직 살아 있음에 새삼 안심하는 존재이다'라고."

"누가 죽었다는 소식을 듣고 오히려 안심하는 존재…."

"그래. 알다시피 이 지구에서는 매일같이 많은 사람들이 죽어

내일 죽는 행복한 왕자

나가고 있네. '한 명도 죽지 않은 날' 같은 건 없을 거야. 다시 말해, 죽음이 우리 일상에서 넘쳐난다는 것일세. 하지만 그런 상황 속에서도 아무도 그 죽음을 자기 일로 여기지 않아. 누군가의 죽음을 우연히 목격하더라도 '다행히 나는 죽지 않았다'라며 오히려 자신이 살아 있음을 실감하지. 한발 더 나아가 나는 아니라고, 역시 죽는 건 다른 사람들이라고, 나는 아직 죽을 리 없다고 재차 확신하는 사람도 있을 테고 말이야."

"…그렇다면 타인의 죽음은 본래적 삶과 아무런 상관이 없다는 겁니까?"

"맞네. 인간이 '비본래적 삶'에서 벗어나기란 그만큼 어려운 일이라네. 명백히 내 일이 아닌 이상 말이야. 그렇다면 과연 '비본래적 삶'이란 무엇일까, 그것부터 확실히 짚고 넘어가야 할 것 같군. 다음의 표현들은 모두 의미가 같다네."

비본래적 삶

= 도구와 같은 삶

= 자신에게 고유한 존재 가능성을 문제 삼지 않는 삶

= 자신의 인생이란 무엇인지 질문하지 않는 삶

= 죽음을 망각한 삶

"어…, 그럼 이것들을 뒤집으면 본래적 삶이 되겠군요?"

"그렇지."

본래적 삶

= 도구가 아닌 삶

= 자신에게 고유한 존재 가능성을 문제 삼는 삶

= 자신의 인생이란 무엇인지 질문하는 삶

= 죽음을 의식한 삶

"아, 이렇게 놓고 보니 지금까지의 이야기가 전부 하나로 이어져 있음을 알겠습니다. 죽음을 의식하면 자신이 도구가 아니라 세상에 둘도 없는 존재임을 깨닫게 되고, 이로써 '나의 인생이란 무엇인가?'라는 질문을 던지게 되지만, 죽음을 망각하면 그런 질문에 도달할 수조차 없다는 말이군요."

"맞네. 그리고 '비본래적 삶'에 하나 더 추가하도록 하지."

= 수다와 호기심으로 가득 찬 삶

"수다와 호기심이라, 꽤 일상적인 단어들이네요."

"죽음을 망각한 인간, 즉 '자신의 인생이 무엇인지를 질문하지 않는 인간'은 무엇으로 인생을 낭비하는가? 이에 대한 하이데거의 대답이 바로 '수다와 호기심'이라네. 자네는 어땠나?"

기억을 더듬을 필요도 없었다. 불과 일주일 전까지만 해도 나는 그렇게 살고 있었다. 휘황찬란한 파티가 계속되는 날들이었다. 연회장에서 만나는 귀족 친구들(내가 곧 죽을 거라는 소문이 퍼진 이후로 코빼기도 비치지 않는 사람들을 과연 친구라고 할 수 있을지 모르겠지만)과 나누는 이야기는 고작 요즘 유행하는 옷과 장신구, 흥미로운 뉴스와 사건 사고들, 온갖 뜬소문과 유언비어뿐이었다.

죽음 따위는 잊고 매일 즐겁게 살면 안 될까?

"저 역시 호기심을 자극하는 것들에 끌려 수다를 떨며 지냈습니다. 하지만…. 물론 지금 돌이켜보면 아무짝에도 쓸모없는 잡담이었지만, 당시에는 그 시간을 즐거워한 것도 사실입니다. 수다와 호기심이 왜 나쁘단 겁니까?"

"대답은 간단하네. 수다와 호기심이 해로운 이유는 그로 인해 죽음을 망각하게 되고, 자기 고유의 가능성을 외면하게 되기 때문이지. 수다를 떠는 건 당연히 즐겁겠지. 왕성한 호기심이 끊임없이 화제를 물어다 주니 언제까지고 그 즐거움을 계속 이어나 갈 수도 있을 거야. 하지만 한 번뿐인 소중한 인생을 그런 수다로 다 허비해 버려도 정말 괜찮을까? 수다는 아무것도 만들어 내지 않아. 누군가에게 전해 들은 말이나 내 인생과는 아무 상관 없는 말을 남들 앞에서 늘어놓는 행위는 그야말로 '시간을 죽이는' 것에 지나지 않네. 그런 인생을 정말로 만족스럽고 행복한 인생이라할 수 있을까?"

"…"

나는 어제 힐다와 나눈 이야기를 떠올렸다.

유명한 무희를 댄스파티에 부른 이야기, 실제로 가 본 적 없는 사막과 피라미드에 관한 지어낸 이야기….

스승님 말대로라면 어제의 이야기는 모두 '수다'이고, 나와 힐다는 얼마 남지 않은 인생의 소중한 시간을 쓸데없이 허비한 것이된다.

하지만 힐다는 내 이야기에 진심으로 즐거워했다.

그러니까 그것이 나쁜 일이었다고 생각하지 않는다. 그녀는 지금까지 빈곤 속에서 허덕이며 살아왔으니까.

안 그래도 아픈 그녀에게 자신이 머지않아 죽게 될 거란 사실을 알리는 건 너무 잔인하지 않은가.

나는 스승님께 반론을 제기했다.

"하지만 인간에게는 저마다 삶의 방식을 선택할 자유가 있지 않습니까. 죽음 따위는 잊은 채 한평생 즐겁고 재미있게 수다만 떨다가 죽는 것도 그 나름대로 행복한 인생이라고 할 수 있지 않을까요?"

"그 선택이 정말로 자기 고유의 삶, 즉 '자기 본연의 존재 방식'이라고 생각해서 자기 손으로 직접 선택한 거라면 상관없네. 하지만 그게 아니라면, 그러니까 수다와 호기심의 열기에 들떠서 명확한 목적의식이나 자각 없이 무심코 그런 행동을 하고 있는 것뿐이라면 그건 선택이라고 할 수 없겠지. 판단능력을 상실한 술주정뱅이가 술김에 무슨 짓을 하든 그가 그것을 선택했다고는 말할 수 없듯이 말이야. 판단 능력이 결여된 상태에서 지각없이 행동하며 사는 삶은 행복하지도 않을뿐더러 자네 고유의 인생이라고도 할 수 없네."

"그렇다면 반대로 자기가 직접 판단해서 행동하는 거라면 한평생 수다를 떨며 인생을 즐기기만 해도 괜찮다는 겁니까?"

나는 필사적으로 매달렸다. 하지만.

"아아, 그렇지. 다만 수다만 떨며 살겠다고 마음먹으려면, 즉 자기 고유의 삶은 바로 이것이라고 판단하고 선택하려면 역시 죽음을 의식할 필요가 있다네."

내 생각과 달리 스승님은 어떻게든 죽음을 의식할 필요가 있다고 강조하고 싶은 듯했다.

나도 모르게 볼멘소리가 나왔다.

"…아무래도 스승님께서는 죽음을 눈앞에 들이밀어야만 직성
이 풀리시나 봅니다."

"하하하, 그건 어쩔 수 없네. 하이데거의 철학이라는 게 원래 그
런 거니까. '본래적으로 산다 = 죽음을 의식하며 산다'라는 것이
하나의 공식으로 정해져 있는 이상 죽음을 의식하지 않고 넘어간
다는 발상 자체가 불가능하거든. 다시 한번 말하지만 본래적으로
살기 위해서는, 즉 자기 고유의 삶의 방식을 묻기 위해서는 죽음
과 마주해야만 한다네. 만약 이 세상에서 죽음이 사라지고 무한
한 삶을 살 수 있게 된다면 아무도 자기 인생에 대해 진지하게 고
민하지 않을걸세. 그렇게 되면 정말로 수백 년, 수천 년을 쓸데없
는 수다만 떨며 살게 되겠지. 머릿속이 뿌연 안개로 가득 찬 그런
상태에서 하루빨리 벗어나야 하네. 그래서 하이데거는 '죽음의 선
구적 각오'가 필요하다고 말했지."

지금 이 순간도 죽음을 각오하고 살아라

"죽음의 선구적… 각오?"

내일 죽는 행복한 왕자

"선구적이라는 단어에는 '앞서다'라는 뜻이 있으니 죽음의 선구적 각오란 곧 '죽음을 미리 각오하고 있으라'라는 말이 되겠지."

"언젠가 찾아올 죽음을 상상하며 살라는 말인가요?"

"아니, 그게 아니라 '자신이 지금 이 순간에도 얼마든지 죽을 수 있는 존재라는 사실을 자각하며 살'라는 거네."

"어… 둘 다 같은 말 아닌가요?"

"하하하, 그렇게 느낄 수도 있겠군. 하긴 미묘한 차이이긴 하지. 하지만 자세히 살펴보면 둘이 확연히 다르다는 걸 알 수 있다네. 예를 들어 누가 '언젠가 찾아올 죽음을 상상하며 살아라'라고 하면 자네는 그 말을 어떻게 받아들이겠나?"

"글쎄요…. 언젠가 찾아올 죽음의 순간을 상상하면서 그 순간이 다가왔을 때 후회하지 않을 인생을 살아야겠다…?"

"흠, 타당한 해석이네. 크게 잘못된 부분이 없는 일반론처럼 들리기도 하고. 하지만 하이데거적인 관점에서 보면 자네의 대답은 안이한 생각이라고 하지 않을 수 없네. 잘 생각해 보게. '언젠가 찾아올'이라고 말한 시점에 이미 죽음과 제대로 마주하고 있다고 볼 수 없지 않겠나. 본디 인간은 죽음을 회피하고자 하는 습성이 있다네. 메멘토 모리(죽음을 기억하라)라는 말이 버젓이 존재하는데도 죽음을 먼 미래의 일이라고 생각하고 최대한 자신에게서 멀리 떨어뜨려 놓으려고 하지. 물론 자네도 마찬가지고."

"저도 그렇다고요?"

"그래. 일전에 자네는 의사에게 죽음을 선고받았다고 했지. 하지만 자네는 아직도 자네가 죽지 않을 거라고 생각하고 있지 않은가?"

"네…?"

"당장 오늘 죽을 거라고는 생각하지 않고 있지 않나? 내일 죽을지도 모른다고는 생각하지만 사실 그렇게까지 심각하게 여기고 있지는 않을 텐데? 물론 언젠가 죽을 거라는 사실은 알고 있겠지. 죽음의 순간이 가까워지고 있다는 사실도 알고 있을 테고. 하지만 무의식중에 '오늘은 아니다, 조금 더 나중 일이다'라고 생각하고 있지는 않은가? 어쩌면 지금 당장 죽을지도 모르는데 말이야"

뒤통수를 세게 얻어맞은 듯한 기분이었다. 스승님 말이 맞았다. 오늘은 아니다. 정말로 그렇게 생각하고 있었다. 오늘일 리가 없었다. 왜냐면 나는 아직 답을 찾지 못했으니까.

하지만 그런 건 상관없다. 죽음은 내 사정 따위는 봐주지 않고 찾아온다. 죽음이란 원래 그런 것이다. 진작부터 알고 있었던 것 아닌가.

당장이라도 쓰러질 것처럼 안색이 창백해진 나를 앞에 두고 스승님은 말을 이었다.

"자네를 처음 만났을 때, 자기가 언제 죽을지를 알고 있으니 자네는 행복한 사람이라고 했는데 사실 이 말은 반은 맞고 반은 틀렸네. 자신이 죽을 시기를 알게 됨으로써 인생과 존재에 대해 생각할 기회를 얻었으니 그 자체만 놓고 보면 분명 큰 행운이라고 할 수 있겠지. 하지만 하이데거의 철학에 따르면 애초에 '여명'이라는 건 존재하지 않는다네."

"어째서죠?"

"말하지 않았나, 죽음의 다섯 가지 특징 중 하나가 바로 무규정성이라고. 즉 죽음이 언제 찾아올지는 아무도 모른다는 거지. 그렇다면 여명이니 죽을 시기를 안다느니 하는 말 자체가 하이데거의 철학에 반한다고 볼 수 있지 않겠나. 인간은 자신이 생각한 때가 되기 전에 죽을 수 있고, 반대로 생각한 때가 지났지만 살아 있을 수도 있네. 죽음은 아무도 예측할 수 없는 것이니까. 그리고 이 말을 뒤집으면 언제든, 지금 당장이라도 죽음이 찾아올 수 있다는 거지. 하지만 사람들은 다들 이렇게 명명백백한 사실을 애써 회피하려고 한다네. '길어야 사흘이다'라는 말을 '최소한 사흘은 죽지 않는다'라고 받아들인단 말이지. 하지만 그건 큰 착각일세! 인간은 당장이라도 죽을 수 있어! 언제든 죽을 수 있는 존재란 말이네!"

나는 죽음을 선고받은 순간부터 다른 누구보다 죽음에 대해 잘 알고 있다고 생각했다. 그러니 난해하기로 유명한 하이데거의 철학도 나라면 이해할 수 있을 것이고, 죽음의 순간에 하늘의 계시를 받아 구원을 얻게 되지 않을까 싶었다.

하지만 아니었다. 사실은 전혀 달랐다. 나는 죽음을 선고받은 후에도 여전히 나는 죽지 않을 거라고 생각하고 있었다. 적어도 오늘은 아니다, 내일은 아니다, 이런 생각을 하고 있었던 것이다. 어쩌면 나는 '하이데거의 철학을 이해하기 전까지는 죽지 않을 것이다'라고 핑계삼을 것이 필요해서 하이데거의 철학을 이용하고 있었을 뿐인지도 모른다.

"한마디 더 덧붙이자면 하이데거가 분석한 죽음의 특징에 대해 이렇게 반론하는 사람도 있을 수 있겠지. '죽음이 언제 찾아올지는 아무도 모른다고 하지만 인간은 자살이라는 방식을 통해 스스로 죽음을 택할 수 있지 않은가'라고 말이야. 하지만 이 역시 착각에 불과하네. 예를 들어 자살하기로 결심하고 스스로 죽을 시기를 선택했다고 주장하는 사람이 있다고 생각해 보게. 하지만 그는 자살을 준비하는 도중에, 아니면 자신의 주장을 펼치고 있는 바로 그 순간에 자기가 죽을 수도 있다는 가능성을 전혀 고려하고 있지 않아. 다시 한번 분명히 말하건대 인간은 언제든지 죽을 수 있네. 바로 이 순간에도 말이야. 알겠나, 젊은이? 하이데거가 말하는 '죽음의 선구적 각오'란 언젠가 닥칠 죽음을 상상해서

대비하라는 말이 아니네. 인간은 지금 당장이라도 죽을 수 있는 존재라는 사실을 솔직하게 받아들이라는 뜻이지."

지금까지도 스승님의 이야기를 듣고 기분이 가라앉은 적이 여러 번 있었지만 오늘이 가장 심했다.

스승님의 말이 전부 옳았다.

스승님과의 기적적인 만남. 이 만남에는 분명 의미가 있을 것이다. 그러니 결과를 얻기 전까지는 내 이야기는 끝나지 않을 것이다. 그렇게 생각하고 있었다.

그러니까 나는 무의식중에 아직도 나 자신을 특별한 존재로 여기고 있었다는 말이다.

하지만… 그렇지 않다.

나는 하나도 특별할 것이 없는 존재이다. 전갈의 독에 쏘인 상처로 인해 어느 날 갑자기, 아무런 맥락도 없이, 허무하게 죽을 것이다. 나는 그런 존재에 불과하다.

이 당연한 사실을 계속 외면하고 있었다. 죽음을 선고받은 후에도 여전히 죽음으로부터 도망치고 있었던 것이다.

"죄송합니다. 약속이 있어서 이만…"

"그런가, 그럼 오늘은 여기까지 하도록 하지."

나는 떨리는 다리를 질질 끌다시피 하며 도망치듯 숲을 빠져나왔다.

제6장

양심이 부르는 소리

나는 약속한 대로 다시금 힐다를 찾아갔다.

"이렇게 좋은 담요를 제가 정말 받아도 되나요? 진짜 폭신하고 따뜻해요."

해가 져서 어둑어둑한 천막집 안에는 냉기가 감돌았다. 여자는 맨바닥에 깐 건초더미 위에 힘없이 누워 있었다. 다행히 열은 좀 내린 것 같았다.

"후후."

힐다가 조용히 웃었다. 내가 준 담요를 뺨에 대고 몇 번이고 감촉을 확인했다.

웃는 얼굴을 보니 기분이 조금 나아지긴 했지만 그래도 여전히 스승님이 한 말이 머리에서 떠나지 않았다.

지금 당장이라도 나는 죽을 수 있다.

이 다음 말을 건넨 순간.

이 다음 숨을 들이쉰 순간.

아니, 그런 생각을 하고 있는 바로 지금 이 순간에도.

이것은 결코 터무니없는 상상이 아니었다. 적어도 내게는 충분히 일어날 수 있는 일이었다.

물론 나뿐만 아니라 눈앞에 있는 힐다도 마찬가지였다. 언제 상태가 급변해서 죽을지 모른다. 담요의 감촉을 즐기고 있는 지금 죽을 수도 있는 것이다.

— 아니, 사실 이것은 비단 나와 힐다뿐 아니라 대신과 시종, 그외 건강한 사람들을 포함해서 모두에게 똑같이 적용되는 법칙이었다. 그들 역시 언제 죽을지 모른다….

하이데거는 이토록 잔인한 현실을 받아들여 죽음을 각오하며 살아가라고 말한다. 그것이 인간의 본래적인 삶이라고.

하지만 과연 그렇게 살 수 있는 사람이 존재할까? 상상만 해도 숨이 막힐 것 같다. 그럴 바에는 차라리 수다와 호기심에 빠져 죽음을 잊은 채 비본래적으로 살아가는 편이 낫겠다는 생각이 든다.

말없이 눈을 감고 가만히 있어서 그런지 문득 심장 소리가 들려왔다. 평소에는 의식할 일 없이 잊고 지내는 감각. 심장이 쿵쿵 뛰는 느낌. 살아 있다는 증거. 하지만 이 심장을 움직이고 있는 건 내가 아니다. 내가 움직이고 있는 것이 아니니 어느 순간 갑자기 멈출 수도 있을 것이다.

기분이 점점 가라앉기 시작했다. 생사라는 중대한 문제가, 나로서는 헤아릴 수조차 없는 운명의 손에 쥐어져 있다는 사실이 꺼림칙했다.

심장 뛰는 소리를 머릿속에서 털어내기 위해 크게 헛기침을 했다.

"저기, 오르카 씨, 괜찮으세요?"

내 상태가 좀 이상해 보였는지 힐다가 걱정스러운 말투로 물었다.

"아아, 괜찮고말고. 실은… 어… 일이 좀 바빠져서 말이야. 이 나라에 계속 머무르기는 힘들 것 같아."

"다른 나라로 가시는 건가요?"

힐다의 표정이 어두워졌다.

"으응."

"언제요?"

"아직 몰라. 내일이 될 수도 있고 모레가 될 수도 있고. 아니, 어쩌면 오늘일 수도 있어. 아무튼 몇 주 안에 떠날 거야."

"아… 네."

"그러니까 오늘은 어제 같은 이야기 말고 좀 더 다른 이야기를 하고 싶어."

"어떤 이야기요?"

"힐다가 지금까지 어떤 삶을 살아왔는지, 어디서 태어나 어떻게 자랐고, 무엇을 하고 무엇을 느끼며 살아왔는지 듣고 싶어."

"……."

힐다는 당황한 듯 담요에 얼굴을 파묻었다. 그러고는 아무 말도 하지 않았다. 아무래도 내가 뭔가 실수를 한 모양이었다.

"미안하군. 내가 뭔가 신경에 거슬리는 말을 했다면 사과하지."

"아니, 그런 거 아니에요!"

힐다가 담요에서 얼굴을 반만 내밀어 대답했다. 열이 다시 오르기 시작했는지 얼굴이 빨갰다.

"나에 대해 알고 싶다는 사람이 나타나다니… 너무 놀라서…. 아, 죄송해요, 오르카 씨는 그냥 이야기 상대가 필요한 것뿐인데."

힐다가 생긋 웃었다. 기분이 상한 건 아닌 듯했다. 그러더니 이번에는 "각오 단단히 하셔야 할 거예요. 아주아주 긴 이야기가 될 테니까요" 하고 짐짓 심각한 표정으로 말했다. 기분이 좋은 건지 나쁜 건지 알 수가 없었다. 다른 사람의 마음을 읽는다는 건

내일 죽는 행복한 왕자

역시 내게는 너무 어려운 일이었다.

밖에서는 거센 바람이 몰아치고 있었지만 작은 천막집 안은 의외로 고요했다. 비좁지만 아늑한 공간에서 힐다는 천천히 자기가 살아온 삶에 대해 이야기하기 시작했다.

∽

그때부터 스승님이 계신 호숫가와 힐다가 있는 강가를 오가는 나날이 시작되었다. 함께하는 시간의 비중은 힐다 쪽으로 기울었다. 스스로도 의외였다. 지금 당장이라도 죽을 수 있다고 생각하니 어째서인지 힐다와 조금이라도 더 오래 이야기하고 싶다는 생각이 들었다.

"힐다, 상태는 좀 어때? 오늘은 남쪽 나라에서 나는 신기한 과일을 가져와 봤어."

"오르카 씨! 기다리고 있었어요. 항상 이렇게 뭘 갖다 주셔서 정말 감사합니다."

힐다가 나를 반기는 목소리가 천막집 안을 가득 채웠다.

"자, 오늘도 열심히 들으셔야 해요!"

힐다의 입에서 매일 조금씩 흘러나오는 그녀의 인생담. 솔직히 말해서 힐다의 이야기는 너무 끔찍해서 귀를 틀어막고 싶을 지경이었다. 이야기를 잘 못한다거나 말솜씨가 형편없다는 뜻이 아니다. 그저 내가 아는 상식이 전혀 통용되지 않는, 생리적으로 받아들이기 힘든 이야기였을 뿐이다.

"잠깐만. 그건 돼지나… 아, 아니, 그게 아니라, 정말로 인간이… 어, 그러니까…."

"네, 돼지가 먹는 것도 아니고 소가 먹는 것도 아니고 정말로 인간이 먹는 거예요. 저희 주식인걸요."

어제는 '벌레는 귀한 음식이다', '메뚜기는 육지의 새우다', '매미는 나무 열매 맛이 난다' 같은 이야기를 해서 나를 놀리는 줄 알았는데 놀랍게도 농담이 아니었다. 정말로 힐다를 둘러싼 의식주 모든 것이 내 상상을 가볍게 뛰어넘었다.

"그렇…구나. 미안…. 아, 하나만 더 물을게. 그렇게 비위생적인 환경에서 아침부터 밤까지 중노동을 해서 받는 돈이 겨우 그것밖에 안 된다는 게 사실이야?"

"네, 이게 보통이에요. 딱히 제가 더 적게 받거나 하는 게 아니라요."

"하지만 그걸로는 먹고살 수가 없잖아."

"충분히 먹고살 수 있어요. 혹시 오르카 씨는 너무 부자라서 직접 식료품을 사 본 적이 없는 거 아닌가요?"

"어… 맞아…"

"후후, 그럼 제가 안내해 드릴 테니 지금부터 같이 시장에 가 볼까요?"

"안 돼! 아니, 말은 고맙지만…. 나도 가 보고 싶기는 해. 하지만 지금은 안 돼. 열이 조금 내렸다고는 해도 아직 완전히 다 나은 건 아니잖아."

"죄송해요, 농담이었어요. 어차피 저는 눈도 안 보이고…"

"아…"

"오히려 걸리적거리기만 하겠죠."

"아니, 그런 뜻으로 한 말이 아니야."

"정말요? 그럼 열이 완전히 내리면…"

"그래, 그렇게 되면 안내를 부탁할게. 시장에 가면 내 눈에 보이는 건 전부 다 물어볼 테니 각오하라고. 힐다, 저기 있는 기다랗고 빨갛고 털이 난 저건 대체 뭐지? 하고 말이야."

"후후, 좋은데요? 거리에 나가서 오르카 씨가 모르는 걸 제가 알려줄 수 있으면 정말 재밌을 것 같아요. 저어… 정말로 언제가 되든 상관없으니… 이것도 약속해 주실래요?"

"…아아, 약속하지."

아마도 이 약속은 지킬 수 없을 것이다. 아니, 어쩌면 열이 완전히 내리고 상태가 더 좋아지면 내가 힐다의 손을 잡고 끌어주면서 주변 산책 정도는 할 수 있을지도 모른다. 그 정도면 약속을 지켰다고 봐도 되지 않을까.

힐다와 이야기하고 있으면 너무 즐거워서 시간이 가는 줄도 모르고 빠져들게 된다. 함께 지내는 시간이 길어지면서 힐다가 어떤 사람인지 조금씩 알게 되었다. 힐다는 웃는 얼굴이 잘 어울리는 밝고 쾌활한 성격의 소유자다. 아무리 힘든 상황 속에서도 현실에 절망하거나 비굴해지지 않고 항상 앞을 보며 살아간다.

그에 비해 나는 어떤가? 내가 만약 힐다와 같은 환경에 태어났다면 힐다처럼 긍정적인 태도로 살 수 있었을까? 힐다처럼 어느 날 갑자기 앞을 못 보게 되더라도 이렇게 밝게 행동할 수 있었을까? 나는 도저히 그럴 자신이 없다. 그것만으로도 힐다는 존경받아 마땅하다. 예전에 내가 훨씬 더 넓은 세상을 안답시고 힐다 앞에서 사막이며 피라미드 이야기를 늘어놓았던 것이 부끄러워졌다.

그렇게 며칠이 더 지났다.

"그러다가 여동생이 병에 걸렸어요."

힐다의 이야기는 어느덧 현재에 가까워지고 있었다. 그것은 곧 조만간 숲에서 일어난 일을 말하게 될 거라는 뜻이었다.

"저는 아픈 여동생에게 조금이라도 영양가 있는 걸 먹이고 싶어서 숲으로 갔어요…. 그런데….”

나는 무의식중에 주먹을 꽉 움켜쥐었다. 어쩌면 힐다는 전부
다 눈치챘을지도 모른다. 그렇게 생각하자 떨림이 멈추지 않았다.

“숲에서 발을 헛디디는 바람에 단단한 바위에 얼굴을 세게 부
딪혔답니다. 그래서 눈이 이렇게 된 거예요.”

힐다는 힘없이 웃으며 그렇게 말했다.

“그…래?”

거짓말하지 말라고 할 수는 없었다. 하지만 힐다는 거짓말을 하
고 있었다. 설마, 나에게 상처 주고 싶지 않아서 그런 걸까, 아니
면….

힐다는 그 후에 일어난 일들, 그러니까 여동생의 죽음과 자신
의 실명에 대해 담담한 말투로 이야기했다. 나는 아무 말도 하
지 못했다. 맞장구조차 칠 수 없었다. 다만 이야기 말미에 그녀가
“아무도 나쁘지 않아요. 저는 그렇게 생각해요”라고 한 말이 계속
귓가에 맴돌았다.

‘양심’이 없으면 죽음과 마주할 수 없다

그로부터 며칠 후, 스승님과의 대화 중에 또다시 심장을 날카

롭게 파고드는 단어가 튀어나왔다.

"네? 양심이요?"

"그렇다네. 하이데거 철학의 핵심이라고도 할 수 있는 중요한 개념, 그게 바로 양심이네. 오늘은 그 이야기를 좀 해 보도록 하지."

양심. 그것은 철학 용어라고는 생각하기 어려울 만큼 너무나도 일상적인 단어였다. 안 좋은 예감이 들었다. 양심이라는 말에서 예상되는 결론이 너무 뻔해 보였기 때문이다.

"양심이라면 도덕적인 선악을 판단하는 인간의 마음 말입니까?"

"맞네. 흔히 나쁜 짓을 하면 양심에 찔린다고들 하지. 우선은 그 정도면 충분하네. 그럼 순서대로 살펴보도록 하지. 지난번에 인간이 본래적으로 살기 위해서는 '죽음의 선구적 각오'가 필요하다고 한 건 기억하나?"

"네. 인간이 지금 당장이라도 죽을 수 있는 존재라는 사실을 받아들여 살아가라는 말이었죠."

"그래. 그런데 이런 의문이 들지 않나? 과연 인간에게 선구적 각오라는 것이 가능한가 하고 말이야."

나는 고개를 크게 끄덕였다.

"맞습니다. 저 역시 그게 궁금했습니다. 저를 포함해서 보통 사람이라면 대부분 그런 각오를 할 수 있을 것 같지 않거든요."

실천 불가능한 이론이라면 그것은 결국 탁상공론이고 공허한 이상론에 지나지 않는다. 죽음을 선고받은 나에게도 불가능한 일인데 다른 사람들은 말할 것도 없지 않을까.

"그 질문에 대한 하이데거의 대답이 바로 '양심'이네. 즉 인간에게는 양심이 있으므로 죽음의 선구적 각오가 가능하다는 거지."

"……."

"왜 그러나? 동의하기 어렵다는 표정이군."

"솔직히 말씀드려 동의하기 어렵습니다. 그러니까 도덕적으로 흠잡을 데 없는 선인이라면 자신의 죽음을 받아들일 수 있다, 그리고 양심은 누구나 가지고 있는 것이니 죽음을 받아들이는 것 역시 누구나 할 수 있는 일이다, 라는 말 아닙니까. 그냥 허울 좋은 설교가 아닌가 싶습니다."

게다가 이 말을 반대로 하면 선구적 각오가 불가능한 사람은 양심이 없다는 소리 아닌가. 나한테 양심이 없다고 하는 건 상관없지만 명제 자체가 납득이 가지 않았다. 대상이 직접 눈으로 확인할 수 없는 마음의 유무인 이상 애초에 증명도 반박도 불가능한 문제였다. 분명 이 다음에는 이런 말이 따라올 것이다. 그러니 양심을 가지라고, 노력하면 얼마든지 가능한 일이니 열심히 노력하라고. 이 나라에 안 좋은 일이 생길 때마다 신앙심이 부족해서 그런 거라고 말하는 승려들과 다를 게 없다.

스승님은 불만 가득한 내 표정을 보고 무슨 생각을 하는지 대충 짐작이 간다는 듯 껄껄 웃었다.

"하하하, 안심하게. 하이데거는 철학자이지 종교인이 아니까. 그런 뜻이 아니라네. 물론 『존재와 시간』에 등장하는 양심론이 너무 뜬금없고 난해해서 혹평을 받는 건 사실이지만 그래도 이 것이 하이데거 철학의 핵심이라는 건 분명하니 열심히 따라와 보 게. 음, 이건 하이데거 본인이 한 말이기도 한데 양심보다는 '부채 의식'이라고 하면 더 알아듣기 쉬울 수도 있겠군."

"부채의식…."

"양심이라고 했을 때 무슨 소리인지 잘 모르겠다는 사람도 부 책의식이라고 하면 조금은 감이 오지 않겠나. '당신에게는 양심이 있습니까'라는 질문에는 대답하기 어렵지만 '부채의식을 느끼고 있습니까'라는 질문에는 대답할 수 있을 테니까."

"그렇네요. 느끼느냐 느끼지 않느냐는 스스로 판단할 수 있으니 까요. 하지만 양심과 부채의식은 다른 거 아닙니까?"

"양심과 부채의식. 물론 똑같은 말은 아니네. 하지만 실제로는 거의 같은 의미라고 볼 수 있지. 예를 들어 자네가 누군가에게 상 처를 입혔다면 부채의식을 느끼지 않겠나?"

그 말에 반사적으로 힐다의 부어오른 얼굴이 떠올랐다. 그리고 다음 순간, 가슴이 아프게 죄어들었다.

"그…렇죠. 느낄 것 같습니다…"

무의식중에 가슴팍을 누르며 떨리는 목소리로 대답했다. 스승님은 내 반응을 눈치채지 못했는지 계속해서 말을 이었다.

"왜 부채의식을 느끼는가. 그건 자신이 나쁜 짓을 했다는 자각이 있고, 더 나은 선택을 하거나 더 나은 삶을 살 수 있었을지도 모른다고 생각하기 때문이네. 그러한 상태는 곧 '양심이 있다'라고 바꾸어 말할 수 있지 않겠나?"

이론적으로는 맞는 얘기였다. 양심이 없는 사람은 부채의식도 느끼지 못할 것이다. 양심이 있기 때문에 부채의식을 느끼는 것이다. 내가 지금 느끼는 이 감정이 부채의식이라면, 그렇다면 내게도 양심이 있다는 말이 되는 걸까?

아니 지금은 그보다 먼저 확인할 것이 있었다.

"하지만 스승님, 양심이 부채의식과 동의어라고 하더라도 어떻게 그것이 죽음의 선구적 각오가 가능하다는 이야기로 이어진다는 겁니까?"

"그런 의문이 드는 건 당연하네. 다만 그 전에 인간은 왜 부채의식을 느끼는가, 부채의식이란 무엇인가에 대해 살펴보도록 하지. 이 부분이 명확해지면 하이데거가 왜 죽음의 선구적 각오와 부채의식(양심)을 묶어서 말하고 있는지 자연스럽게 알게 될 걸세. 먼저 인간이 부채의식을 느끼는 이유에 대해 살펴보면, 한마디로 말해서 '인간은 유한한 존재'이기 때문이네."

"유한한 존재…. 그러니까 끝이 존재하는, 한계가 있는 존재라는 말입니까?"

"맞네."

"그건 알겠습니다. 인간은 전지전능한 존재가 아니니까요."

"여기서 말하는 한계란 그런 능력의 한계를 의미하기도 하고, 동시에 시간의 한계, 즉 인간은 영원히 살지 못하고 반드시 죽는다는 의미이기도 하다네."

나는 고개를 끄덕이며 스승님의 이야기에 귀를 기울였다.

당신을 덮치는 '무력감'의 정체

"이렇듯 유한한 존재이기 때문에 인간은 무력감이라는 감정을 갖게 되지. 무력감이 부채의식을 낳는다. 하이데거는 이렇게 분석했네."

"무력감이 부채의식을 낳는다…. 뭔가 알 것 같기도 합니다만…."

"천천히 잘 생각해 보게. 이럴 때는 반대로 생각해 보는 것도 한 가지 방법이지. 무력감의 반대말은 뭐라고 생각하나?"

"…전능감?"

"맞네. 한마디로 나는 뭐든 할 수 있다는 감각이지. 만약 혼자서 모든 일을 완벽하게 해낼 수 있다면 부채의식 같은 건 느낄 일이 없지 않겠나?"

맞는 말이다. 만약 내가 힐다의 눈을 낫게 할 수 있다면…. 힐다가 죽지 않게 할 수 있다면…. 지금 내 안에서 소용돌이치는 어둡고 찜찜한 감정은 감쪽같이 사라질 것이다.

그렇다면 지금 내가 느끼는 이 불편함의 원인은 무엇일까. 대답은 정해져 있다. 힐다에게 아무것도 해 줄 수 없다는 것, 바로 내 무력함 때문이다.

"네, 이해했습니다. 지금까지 한 이야기를 정리하면,

[인간은 유한한 존재이다 → 할 수 없는 일이 있다 → 무력감을 느낀다 → 부채의식을 느낀다]

이렇게 되겠네요. '유한한 존재'에서부터 '부채의식'까지가 어떻게 연결되는지 이제 알겠습니다."

"다행이군. 다음으로 부채의식의 본질에 대해 살펴보도록 하지. 인간이 느끼는 부채의식의 종류에는 다음과 같은 것이 있네.

① 과거에 대한 부채의식

② 현재에 대한 부채의식

③ 미래에 대한 부채의식

④ 타자에 대한 부채의식

이것들은 인간이 유한한 존재인 이상, 다시 말해 인간이 인간인 이상 느낄 수밖에 없는 부채의식이라고 할 수 있는데, 앞의 세 가지는 시간과 관계된 것이니 뒤에서 다시 얘기하도록 하지. 오늘은 ④ 타자에 대한 부채의식에 대해 집중적으로 살펴보려고 하네. 원래 부채의식 자체가 주로 타자, 즉 타인에 대해 사용하는 단어이니까 말이야. 그렇다면 이 '타자에 대한 부채의식'은 인간의 어떤 유한성에 기인한 것일까. 으음, 자네가 이걸 실제로 느낀 적이 있다면 쉽게 이해할 수 있을 텐데…."

"있습니다."

"응?"

"타자에 대한 부채의식을 느끼고 있습니다."

"무슨 일이 있었던 건가?"

나는 잠시 망설인 끝에 이제껏 참아 왔던 말을 쏟아 냈다.

"저는… 타자를… 어떤 이를 상처 입혔습니다. 그리고 그 사람에게 거짓말을 하고 있습니다…"

가슴 속 깊이 꾹꾹 눌러 담고 있던 힐다에 대한 부채의식이 기다렸다는 듯 터져 나왔다.

내 화를 이기지 못해 심한 폭력을 휘둘렀다는 것. 힐다에게서 빛을 빼앗았다는 것. 가족을 빼앗았을지도 모른다는 것. 나 때문에 목숨을 잃을지도 모른다는 것. 그리고 그런 상황에서 정체를 숨긴 채 만남을 이어가고 있다는 것.

무거운 짐을 내동댕이치듯 지금까지 있었던 일을 남김없이 죄다 털어놓았다.

눈물이 뺨을 타고 흘러내렸다.

지금까지 스승님과 대화를 나누면서 기분이 우울해지거나 충격을 받은 적이 몇 차례 있었지만 이렇게 우는 것은 처음이었다.

"그런가. 부채의식을 느끼고 있다니 참으로 자랑스럽군."

스승님의 온화한 목소리가 가까이에서 들렸다. 고개를 들자 인자한 미소가 나를 기다리고 있었다. 스승님은 "미안하네, 정정하지. 자네는 하이데거의 철학을 제대로 이해하고 있네"라고 하며 내 머리를 부드럽게 쓰다듬었다.

"일전에 자네는 내게 이렇게 물었지. 죽음 따위는 잊은 채 한평생 즐겁고 재미있게 수다만 떨다가 죽어도 되지 않느냐고, 그것도 그 나름대로 행복한 삶이라고 할 수 있지 않겠냐고. 그렇게 할 수 있다면 좋겠지. 실제로 가능할 것 같기도 하고 말이야. 하지만 그게 그렇게 쉬운 일이 아니라네. 왜냐면 인간은 일상 속에서 아주 우연한 계기로도 부채의식을 느끼곤 하기 때문이지.

앞에서 말했듯이 부채의식은 유한성과 관련이 있네. 그런 의미에서 부채의식은 자신의 유한성을 자각하게 만드는 입구, 문과 같은 것이라고 할 수 있지. 호기심과 수다에 빠져서 언제까지고 인생이 계속될 것처럼 사는 사람 앞에도 그 문은 반드시 나타나게 되어 있어. 나타나고야 마는 것이지. 인간이 부채의식으로부터, 자신의 유한성으로부터 도망치는 것은 불가능하다네.”

“부채의식으로부터… 도망치는 것은 불가능하다…. 그럼 이 고통에서 벗어날 수 없다는 겁니까?”

“그렇다네. 인간이 인간인 이상, 즉 유한한 존재인 이상 부채의식과 무력감을 없애는 것도 불가능해. 수다와 호기심으로 아무리 감추려 해도 결국에는 부채의식이 모습을 드러내게 되지.”

“정말 그럴까요? 부채의식을 느끼지 않는 사람도 있을 것 같은데요…. 적어도 예전의 저는 그랬습니다.”

이건 사실이다. 예전의 나라면 힐다에게 무슨 짓을 하든 부채의식 따위는 느끼지 않았을 것이다.

“하하하, 하긴 그런 인간도 있을지 모르지. 그래도 부채의식이라는 말은 다들 알고 있지 않나. 그만큼 일상적으로 언제든 생겨

날 수 있는 보편적인 감정이라는 말이지. 죽음의 선구적 각오를 하라는 건 아무래도 일반인에게는 쉽게 시도하기 어려운 비일상적인 행위라고 할 수 있네. 자네처럼 여명을 선고받아 죽음을 실감하게 되는 것도 그리 흔한 케이스는 아니야. 그에 비하면 부채의식은 훨씬 더 일상적인 개념이라고 할 수 있겠지. 평소와 다름없는 일상 속에서 우연한 계기로 부채의식을 느끼게 될 가능성은 누구에게나 있네. 자네는 죽음을 자각하고부터 부채의식을 강하게 느끼게 되었다고 하지만 그전에도 느낀 적은 있지 않나? 부채의식이 어떤 감정인지 이해하고 있었으니 말이네."

평범한 일상 속에서 외면하면 안 되는 것

스승님 말대로 부채의식을 단 한 번도 느껴본 적이 없다면 애초에 그 말이 무엇을 의미하는지 이해하지 못했을 것이다. 그렇다면 나는 과거에 부채의식을 느낀 적이 있다는 말인데…. 곰곰이 기억을 되짚어 보자 한 가지 떠오르는 장면이 있었다.

"그러고 보니 언젠가 제 생일이라고 며칠간 성대한 파티를 연 적이 있습니다. 그때도 파티가 끝나고 나서 지금처럼 찜찜한 감정을 느꼈습니다. 뭐랄까… 계속 이래도 괜찮은 걸까, 하고요."

"음, 그야말로 일상에서 느끼는 가장 전형적인 유형의 부채의식이라고 할 수 있겠군. 실제로 비슷한 상황에서 부채의식을 느끼는 사람은 적지 않네. 아마도 자네는 파티 중에는 수다와 호기심으로 머릿속이 가득 차서 그저 즐겁기만 했을 거야. 하지만 그러다가 문득, 한차례 파도가 지나가고 다음 파도가 오기를 기다리는 동안, 그 잠깐의 틈새에 부채의식이 얼굴을 드러낸 거지. 이런 시간이 언제까지고 계속될 리가 없다고 말이야. 인생은 유한한데 계속 이렇게 살아도 정말 괜찮은 걸까, 하고. 말 그대로 그 순간에 자기 자신의 유한성을 깨달은 거지.

다시 한번 말하지만 부채의식은 유한성으로 들어가는 문이라네. 인간이 무력하고 유한한 존재라는 사실을 알려주는 중요한 메시지라고 할 수 있지. 그리고 죽음의 선구적 각오를 한다는 것은 궁극의 유한성, 즉 죽음을 마주하며 살아간다는 뜻이네. 그러니 자네가 느낀 부채의식(자신의 유한성)을 그대로 흘려보내지 않고 제대로 마주했다면 죽음의 선구적 각오, 본래적인 삶이 가능했을지도 모르지. 다시 말해 부채의식(양심)은 인간을 본래적인 삶으로 이끄는 가능성이며, 평범한 일상 곳곳에 숨어 있다는 말이네."

이제야 조금 알 것 같았다.

요약하면 이런 말이다.

① 양심이란 부채의식을 느끼는 마음을 뜻한다.

② 부채의식은 인간의 무력함과 유한성에서 비롯된 것이다.

③ 부채의식은 누구라도 언제든지 느낄 수 있는 일상적인 감정이다.

④ 일상에서 느끼는 부채의식을 그냥 지나치지 않고 제대로 마주함으로써 죽음의 선구적 각오(본래적인 삶)가 가능해진다.

어떻게 ④와 같은 결론에 도달하게 되는 것인지 설명하는 것은 간단하다. 부채의식과 마주한다는 것은 무력함과 마주하는 것이자 유한성과 마주하는 것이며 결국 죽음과 마주하는 것이기 때문이다.

아마도 하이데거는 이런 말을 하고 싶었던 것이리라.

부채의식을 느낄 수 있는 인간, 아니 부채의식이라는 말을 이해할 수 있는 인간이라면 누구든 부채의식을 통해 죽음의 선구적 각오가 가능하다고.

다만 한 가지 이해가 가지 않는 부분이 있었다.

"저… 부채의식을 마주하라고 하는데 구체적으로 어떻게 하면 되는 겁니까?"

"음, 하이데거가 한 말을 빌려 대답하자면 '양심이 부르는 소리에 귀를 기울이면' 되네."

"양심이 부르는 소리…? 그건 또 무슨…."

또다시 추상적이고 의미를 알 수 없는 새로운 단어가 튀어나왔다.

"어… 그러니까 어떻게 하면 좋을지는 양심이 알려줄 테니 그걸 들으면 된다, 즉 양심에 따라 살라는 말인가요?"

"단적으로 말하자면 그렇게 되겠지. 다만 하이데거는 '양심이 부르는 소리는 말이 없다'라고도 했다네. 즉 양심의 목소리는 아무 말도 하지 않는다는 거지."

"네? 그게 무슨 소리죠?"

"말 그대로 '부름'이라는 거지. 예를 들어 자네가 누군가를 '어이' 하고 부를 때, 그 말에는 아무 뜻도 없지 않나."

"그건 그렇습니다만…. 아무리 그래도 보통 부름에는 목적이 있지 않습니까. 물을 가져와 달라든지. 양심이 부르는 소리라는 건 대체 무슨 목적으로 부르는 겁니까?"

"자네가 부채의식을 가진 존재라는 사실을 깨닫게 하기 위해서지. 그러니까 '자네 안에 부채의식이 있다는 사실을 잊고 있지는 않은가?'라는 뜻을 담아 부르고 있다는 거네. '이걸 해라, 저걸 해라' 하고 구체적인 명령을 하는 게 아니라 그저 '깨달으라'라고 무언의 압력을 가하는 소리인 것이지. 참고로 양심이 부르는 소리는

내일 죽는 행복한 왕자

어느 순간 갑자기 들려오는 것이 아니네. 지금 이 순간에도 양심의 소리는 계속 자네를 부르고 있어. 자네가 그걸 듣지 못하고 있을 뿐이지. 어떤가, 역시 납득하기 어려운가?"

"아니요… 무슨 말인지는 알겠습니다. 애초에 양심이라는 건 사람 마음속에 천사가 살고 있어서 사람이 나쁜 짓을 하려고 하면 그 천사가 물끄러미 쳐다보고 있는 이미지에 가깝다고 생각합니다. '너는 지금 나쁜 짓을 하려고 하고 있는데 정말로 그래도 되겠느냐?'라고요. 그에 따라 그 사람의 삶과 행동이 달라지기도 하겠지요. 하이데거가 말하는 양심이 부르는 소리도 이와 비슷한 게 아닌가 싶습니다. 제가 수다와 호기심에 정신이 팔려 있을 때, 계속 저를 부르는 거죠. '정말로 괜찮겠느냐? 지금 죽을지도 모르는데? 시간은 한정되어 있다. 부채의식을 느끼지 않느냐?'라고요."

"정확하게 이해하고 있군. 솔직히 말해서 양심이 부르는 소리가 정말로 존재하느냐는 질문에는 대답하는 것이 불가능하네. 그러다 보니 일부에서는 하이데거의 양심론은 철학이 아니라 헛소리라고 보는 시각도 존재하지. 위대한 철학자 러셀조차 자신의 저서인 『서양철학사』에서 하이데거에 관해서는 단 한마디도 언급하지 않았어. 하이데거는 철학자가 아니라고 본 거지. 다만 하이데거를 옹호하는 입장에서 한마디 하자면 하이데거는 어느 날 갑자기 영적인 소리가 들린다고 말한 게 아니야. 인간이라는 존재를 분석한 결과, 인간은 누구나 부채의식을 가지고 있고, 그 부채의식(자신의 유한성)을 깨달을 가능성을 가지고 존재하고 있다는 통찰을 이끌어 낸 거네."

"음… 솔직히 저는 러셀에 대해서는 잘 모르지만 하이데거를 낮게 평가하는 이유는 알 것도 같습니다. 분명 원래는 '존재란 무엇인가'에 관한 철학서였는데 어느샌가 양심이네, 부채의식이네, 부르는 소리가 어떻네 같은 이야기를 하고 있으니까요. 철학서라기보다는 도덕 교과서나 인생의 지침서에 가깝다는 인상을 받게 되는 건 어쩔 수 없는 것 같습니다."

"도덕 교과서라…. 하이데거는 어디까지나 철학적으로 분석을 거듭한 결과를 표명한 것이지 이런 삶이 좋다 나쁘다를 말하고 있는 게 아니네만…."

스승님은 동의하기 어렵다는 표정으로 중얼거렸다.

본래적인 삶, 비본래적인 삶이라는 표현을 사용한 시점에 이미 이런 삶이 좋고 저런 삶은 안 좋다고 말하고 있는 것이니, 도덕 교과서라는 이미지에서 벗어나기는 쉽지 않을 것 같은데….

"아무튼 양심이 부르는 소리에 대해서는 이해했습니다. 평소에 느끼는 부채의식을 외면하지 말라는 말이잖습니까. 하지만 그렇게 되면…."

"응?"

내일 죽는 행복한 왕자

"아니 뭔가 하이데거는 좀 심술쟁이 같달까… 그런 확신이 더욱 강해졌습니다. 하이데거의 주장은 기본적으로 '싫은 것과 마주하라'라는 거 아닙니까. 죽음을 마주하라, 부채의식을 마주하라. 게다가 이렇게 생각하면 편해진다는 것도 아니고 오히려 반대로 싫어도 피하지 말고 그냥 견디라는 말 같은데요."

"하하하, 듣고 보니 그런 면이 있는 것도 같군. 아무래도 하이데거 자신이 흔치 않은 인생을 살았기에 그 영향도 있겠지. 하이데거는 젊었을 때 심장 질환을 앓아서 몇 번이나 죽을 고비를 넘겼거든."

"네?!"

"밥을 먹다가도 책을 읽다가도 아니면 잠을 자다가도 발작이 일어나면 그대로 죽을지도 모른다. 내일은커녕 지금 바로 죽을지도 모른다. 하이데거는 그런 인생을 살아온 사람이라네."

"그랬군요…."

어쩌면 하이데거도 물었을지 모른다. 내 인생은 대체 무엇일까, 하고.

"조금 전에 자네는 '싫은 것'이라고 했지만 그건 어디까지나 해석의 문제가 아닐까? 예를 들어 자네는 부채의식, 즉 유한성이 안 좋은 것이고 그것을 자각하는 것이 괴로운 일이라고 생각하고 있지 않나?"

"물론입니다. 아무리 생각해도 죽는 것보다 죽지 않는 것이 낫고, 유한보다 무한이 나으니까요."

"꼭 그렇다고 할 수는 없다네. 음… 그래. 유한과 무한의 차이를 실감하기 위해 머릿속에 뭔가 게임을 하나 떠올려 보게. 카드 게임은 할 줄 아나?"

"잘은 못하지만 할 줄은 압니다."

"그럼 됐네. 지금 나와 마주 앉아 카드 게임을 하고 있다고 생각해 보게. 그리고 우리에게는 신과 마찬가지로 정해진 수명이 없어서 얼마든지 시간을 쓸 수 있고 게임에도 끝이 없다고 말이야. 말 그대로 무한 게임이지. 어떤가, 상상이 되나? 우리는 게임 진행 상황에 따라 각자 카드를 버리거나 뽑거나 하는 작업을 100년, 1000년, 아니 게임에 끝이 없으니 무한으로 반복하게 되겠지. 그런 상황에서 자네는 과연 '와, 대박이다!' 또는 '아차, 실수했다! 이렇게 하면 좋았을 텐데' 같은 생각을 할까?"

"안 하지 않을까요? 좋은 패가 나오든 나쁜 패가 나오든 계속 다음이 있으니까요. 애초에 끝이 없으니 목표도 존재하지 않을 것이고, 그러니 성공이나 실패, 좋거나 나쁘다는 생각 자체를 하지 않을 것 같습니다."

실제로 머릿속으로 상상해 봤지만 어떤 카드를 뽑더라도 아무 감정도 느껴지지 않았다. 무한이라는 것이 삶을 이렇게까지 무의미하고 무미건조하게 만들 줄은 몰랐다.

"그럼 이번에는 갑자기 룰이 바뀌어서 게임에 끝이 생겼다, 즉 유한해졌다고 생각해 보게. 예를 들어 카드를 몇 번 뽑을 수 있는지가 정해져 있고, 게임의 목표도 존재한다고 말이야. 승부는 단 한 번. 그 상황에서 자네가 단 한 장의 카드를 뽑아야 한다면 어떤 기분이 들겠나?"

"어… 글쎄요…. 내가 한 선택을 돌이킬 수 없게 되었으니 정말로 이 선택이 옳은지 고민하고 불안해하면서 게임을 하게 될 것 같습니다."

"그래, 그렇겠지. 게임이 유한해짐으로써 비로소 성공과 실패, 좋고 나쁨이라는 가치와 의미가 생겨나는 거라네. 그러다 보니 고민과 불안이 따라오게 될 수도 있고. 아니 반드시 따라온다고 보는 게 좋겠지. 정답도 알 수 없고 선택을 돌이킬 수도 없는 상황이니 말이야. 하지만 그렇다고 해서 의미도 없고 가치도 없는 무한 게임을 하고 싶다는 생각은 안 들지 않나?"

"네. 굳이 비교하자면 유한인 쪽이 나은 것 같습니다."

"게다가 말이야. 전에도 말한 적이 있지만 자네는 도구가 아니라 무엇으로도 대신할 수 없는 존재라네. 이것도 다 자네가 유한한 존재이기 때문 아니겠나. 무수히 많은 스푼 중 하나를 집어놓고서 이건 무엇으로도 대신할 수 없는 존재다, 라고 말할 수는 없을 테니까."

"그것도 그렇네요."

이 무슨 아이러니로 가득 찬 세계란 말인가.

유한하기 때문에 죽는다.

하지만 그렇기 때문에 대체가 불가능해지고 고유한 가치가 생겨난다. 하지만 그렇기 때문에 죽고 싶지 않다고 생각하게 된다. 하지만 그렇다고 해서 영원히 죽지 않는 무한한 세계를 만들면 모든 가치와 의미가 사라져 버린다….

만약 이 세상에 신이 존재한다면 대체 무엇을 위해서 이런 세계를 만든 걸까.

당신에게 있어서 '누구도 대신할 수 없는 존재'란?

"자네는 타자에게 부채의식을 느낀다고 했는데 알고 있나? 그건 '타자의 유한성'을 인식하고 있기에 가능한 일이라는 걸 말이야. 나는 그게 매우 중요한 포인트라고 생각한다네."

"무슨 말씀이신지?"

"자신의 유한성을 깨달은 인간은 자기 인생에 대해 무력감과 부채의식을 느끼게 된다는 이야기는 이미 수차례 반복한 바 있네. 하지만 '타자에게 부채의식을 느낀다'라는 것에 대해서는 스스로의 유한성을 깨닫는 것만으로는 설명이 되지 않아. 예를 들어 어떤 사람이 죽음을 선고받고 자신의 유한성을 자각하게 되었다고 해서 그 사람이 그걸 계기로 스푼에 대해 부채의식을 느끼거나 하지는 않을 거 아닌가."

"그야 그렇겠죠. 스푼을 밟아서 망가뜨리더라도 다른 스푼으로 대체하면 그만이니까요."

"그렇다네. 스푼은 도구적 존재이자 교환 가능한 존재, 말하자면 무한에 가까운 존재이기 때문이지. 그와 마찬가지로 타인도 도구적 존재라고 본다면 부채의식을 느끼지 않겠지."

이 문제에 대해서는 전에도 생각해 본 적이 있었다. 지금 있는 대신이 죽더라도 금방 새 대신이 올 것이다 ― 그렇게 생각했기 때문에 내 언행으로 인해 대신이 곤란해하거나 상처를 받더라도 전혀 개의치 않았던 것이다.

"어… 그러니까 단지 자신의 유한성을 자각하는 것만으로는 타자에 대한 부채의식을 느낄 수 없다는 말이죠? 타자에 대한 부채의식을 느끼기 위해서는 한 단계를 더 거칠 필요가 있고, 그게 바로 타자를 나와 같은 유한한 존재, 누구도 대신할 수 없는 존재라고 인식하는 거라는 말인가요?"

"맞네."

"하지만 스승님, 그게 왜 중요하다는 건지 모르겠습니다. 자신의 유한성을 깨닫고 본래적인 삶을 사는 데 있어서 타자에 대한 부채의식을 느끼는 것이 꼭 필요할까요?"

"잘 듣게, 젊은이. 이건 중요한 내용이니 반드시 기억하기 바라네. 어쩌면 하이데거 철학에서 가장 중요한 부분이라고 할 수 있을지 몰라. 하이데거 철학에서는 죽음이라든지 각오처럼 무게감 있고 자기중심적인 키워드가 많이 등장하지. 그런데 세상에서 자기 자신만이 유한한 존재이고 누구도 대신할 수 없는 존재라고 생각한다면, 자기 인생을 의미 있게 만들기 위해서라면 남에게 얼마든지 잔인하고 제멋대로 굴어도 된다는 말이 되지 않겠나. 어차피 나 말고는 모두가 대체 가능한 도구이니 말일세. 하지만 그래서는 안 된다네. 그런 삶은 아무런 의미도 가치도 없으니까. 숭고하지도 않고 아름답지도 않지. 그래서는 하이데거의 철학을 절반도 이해하지 못한 거나 다름없어. 자신의 유한성뿐만 아니라 타자의 유한성, 타자의 고유함, 타자에 대한 부채의식을 오롯이 느껴야만 비로소 하이데거 철학을 완전히 이해했다고 할 수 있다네. '하이데거의 철학에는 타자에 대한 배려가 결여되어 있다'라고 지적하는 사람도 많지만 사실은 그런 게 아니라…"

스승님은 그 후로도 하이데거 철학과 타자의 관계성에 대해 흥분한 말투로 해설을 이어갔다. 한편 나는 멍하니 딴생각을 하고

내일 죽는 행복한 왕자

있었다. 힐다에 대해서였다.

나는 힐다에게 부채의식을 느끼고 있다. 이것은 틀림없는 사실이다. 표현을 달리 하면 내가 힐다를 유한한 존재라고 생각하고 있다는 말이고, 그건 곧 누구도 대신할 수 없는 존재라고 생각하고 있다는 말이 된다⋯.

— 누구도 대신할 수 없는 존재.

그런 상대가 지금까지 내 인생에 존재한 적이 있었던가.

— 힐다.

그 이름을 떠올린 순간, 부채의식을 닮은 고통스러운 감정이 내 안에서 소용돌이쳤다.

제7장

시간 (내던져짐과 내던짐)

"오르카 씨…, 오늘도 와 주셨군요…. 고맙습니다."

힐다는 나날이 여위어갔다. 이전처럼 오래 이야기하는 것도 불가능해졌다. 식욕이 사라졌는지 영양가 있는 음식도 넘기지를 못했다.

"그럼… 어제 하던 이야기를 계속…."

그런데도 힐다는 무언가를 얘기하려고 했다. 내 이야기 상대가 되어주겠다는 약속을 고지식하게 지키려고 하는 것 같았다.

어쩌면 나 때문에 무리하는 건지도 모른다. 걱정스러운 마음에 이야기를 멈추게 하려는데 갑자기 힐다의 눈에서 눈물이 뚝뚝 흘러내렸다.

"왜 그래? 어디 아파? 아니면 뭔가 마음에 안 드는 거라도 있는 거야?"

"아니… 그런 게 아니라… 오르카 씨랑 이렇게 얘기하는 게 너무 좋고 하루하루가 너무 즐거워요. 하지만 그러면서도 뭔가 괴로워서…. 오르카 씨가 돌아가고 나면 여기는 이렇게, 저기는 저렇게 말했으면 좋았을 텐데… 하고 혼자서 계속 곱씹으면서 후회만 하게 돼요. 어쩌면 내일은 못 만날지도 모르니까… 이제 두 번 다시 못 만날지도 모르니까… 그런 생각을 하면 가슴이 아프게 죄어들면서 눈물이 멈추질 않아요. 죄송해요, 제가 이상한 소리를 해 버렸네요. 신경 쓰지 마세요."

"괜찮아, 몸이 안 좋으니 평소보다 신경이 더 예민해져 있는 것뿐이야. 그러니 오늘은 푹 쉬도록 해. 나한테 뭐 부탁할 거 없어? 빨래라도 해 줄까? 이웃들의 빨래를 도맡아서 하고 있었잖아. 그걸 못하게 되어서 마음에 걸리는 거 아냐?"

"오르카 씨에게 그런 부탁을 할 수는 없어요."

"괜찮아, 힐다를 위해서라면 뭐든 해 주고 싶으니까."

"네? 아… 감사합니다. 오르카 씨는 정말 친절한 분이시네요."

그 말이 가슴에 비수처럼 날아들었다.

나는 아직 고민하고 있었다. 힐다에게 진실을 털어놓을 것인가

말 것인가. 어쩌면 진실을 밝힘으로써 힐다는 상처받을지도 모른다. 하지만 그렇다고 해서 진실을 숨긴다면 그것이 더 큰 상처가 될지도 모른다.

무엇이 정답인지는 알 수 없다. 어쨌거나 한쪽을 선택해야만 한다. 그리고 그 선택은 돌이킬 수 없다. 유한하다는 것은 이 얼마나 불안하고 고통스러운 것이란 말인가.

"그것 말고 뭔가 내게 부탁하고 싶은 거 없어?"

"어… 하나 있어요. 저… 오르카, 라고 불러도 될까요?"

"응?"

"아니에요, 죄송해요… 감히 저 같은 게…."

"당연히 불러도 되지. 고작 그런 걸로 충분하겠어?"

"아… 실은… 하나 더 있어요. 가능하면 어… 제가 잠들 때까지 옆에 있어 주면 좋겠어요."

"그래, 알았어. 약속할게. 혼자가 무섭고 불안하다면 잠들 때까지 손을 잡아 줄까?"

"어… 아… 부, 부탁드립니다."

언제부터인가 내 안에서 뭔가가 변하기 시작했다. 나는 죽는다. 이제 곧 죽는다. 어쩌면 다음 순간에는 이미 죽어 있을지도 모른다. 이런 상황에 놓이면 타인은 아무래도 상관없어질 거라고 생각했다. 하지만 실제로는 그렇지 않았다. 오히려 그 반대였다. 눈앞에 있는 상대를 사랑스럽게 여기게 되었다.

얼마나 시간이 지났을까. 힐다가 뒤척이며 끙끙 앓는 소리를 냈다. 잠이 들기는 했지만 숙면과는 거리가 멀어 보였다. 나는 차마 그런 힐다를 혼자 두고 떠날 수가 없어서 천막집에서 밤을 지새웠다. 나의 귀가가 늦어지는 것을 걱정한 대신이 한밤중에 나를 데리러 왔지만 고집을 피워 돌려보냈다. 힐다를 만나러 오기 위해 스승님께 빌려 입은 거적때기가 원래 내 옷이었던 것처럼 편하게 느껴졌다.

두 개의 시간

다음 날 아침, 어느 정도 상태가 안정된 힐다의 고른 숨소리를 확인하고 천막집을 나와 호숫가로 갔다. 스승님은 오늘이 마지막 수업이라고 했다.

『존재와 시간』이라는 철학서를 통해 하이데거 철학의 발자취를 좇는 여정은 '존재란 무엇인가'라는 질문에서부터 출발해 어느덧 '시간이란 무엇인가'라는 종착역에 다다르려 하고 있었다.

"드디어 하이데거의 시간론에 대해 살펴볼 시간이 왔군. 그 전에 우선 일반적인 시간의 이해에 대해 짚고 넘어가도록 하지."

"그 말은 곧 하이데거가 시간을 이해하는 방식은 일반적이지 않다는 말입니까?"

"그렇다네. 일반적으로 인간이 시간을 이해하는 방식에는 두 가지가 있지. 참고로 하이데거는 일반적이 아니라 통속적이라는 표현을 사용하고 있네만.

① 시간에 대한 통속적인 이해
② 시간에 대한 근원적인 이해

물론 하이데거는 후자이지만 비교를 위해 전자인 통속적인 이해를 먼저 살펴보도록 하지. 통속적인 시간, 그러니까 일상생활 속에서의 시간이라고 하면 무엇이 떠오르나?"

"저는 시계가 떠오르는데요."

"맞네. 일상적인 시간이라고 하면 보통은 시계를 떠올리지. 실제로 많은 사람들이 시계를 통해 시간을 파악하고 있을 테고. 참고로 인간이 시계를 사용하기 시작한 것은 비교적 최근이라고 생각할지 모르지만 시계의 기원은 생각보다 오래되었다네. 일례로 해시계는 기원전 4천 년경부터 이미 존재했지."

기원전 4천 년! 상상하기도 어려울 정도로 먼 옛날이다. 태양과 그림자는 훨씬 더 전부터 존재했으니 어쩌면 해시계가 처음 등장한 것은 그보다 더 오래되었을지도 모른다.

"그렇다면 시계의 특징은 무엇일까? 막대기, 그림자, 뭐든 상관없네만 아무튼 바늘 모양의 물체가 특정 위치를 차지함으로써 그것이 특정 시각을 나타낸다는 거네.

시계를 본다. 바늘의 위치로 지금이 몇 시인지 알 수 있다. 잠시 후에 다시 시계를 본다. 바늘은 이동해 있을 것이고, 이동한 위치로 지금이 몇 시인지 알 수 있다.

다시 말해 시계를 볼 때마다 '지금이라는 시간이 거기 있다'라는 거지. 그리고 바늘은 끊임없이 천천히 움직이고 있으니 시계를 계속 보고 있으면 '현재(지금)라는 시간이 흘러가고 있다'라는 감각이 생겨나겠지.

가령 '탁, 탁, 탁' 하고 바늘이 소리를 내며 움직이는 타입의 시계라면 '지금, 지금, 지금' 하는 식으로 시간이 흘러가고 있다는 것을 실감할 수 있다는 말이네.

이것이 바로 시계에 기초해서 '현재'라는 시간을 이해하는 통속적인 방법이지.

현재를 이해했으면 과거나 미래를 이해하는 건 간단하네. 과거란 이미 지나간 '지금, 지금, 지금'이고, 미래란 앞으로 다가올 '지금, 지금, 지금'이지."

스승님은 언제나처럼 발치에 놓인 나뭇가지를 집어 땅바닥에

내일 죽는 행복한 왕자

그림을 그리기 시작했다.

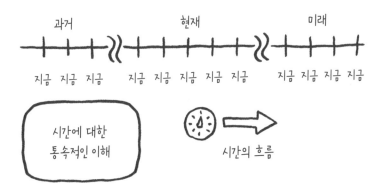

"이 그림에서 보이는 바와 같이 '지금'이라는 시간이 일정한 속도로 흘러가는 평탄한 직선의 이미지, 이것이 바로 통속적이고 일상적인, 시간을 이해하는 가장 일반적인 방식이네."

"제가 시간을 이해하는 방식과도 정확히 일치합니다."

오히려 이것 말고 시간을 이해하는 방식이 더 있을 수 있다는 게 신기했다.

"이런 통속적인 방식에 따르면 시간은 무한히 이어져 나가게 되지. 그림을 보면 알 수 있다시피 '지금'이라는 시간의 흐름에는 끝이 없지 않은가. 시간의 흐름이 끊길 만한 이유가 뭐가 있겠나?"

"모르겠습니다. 설령 지구가 폭발해서 모든 것이 사라지더라도 시간만은 변함없이 흘러가는 장면이 상상이 되는데요."

"음, 지금 그 상상은 그야말로 통속적인 죽음의 이미지라고 할 수 있겠지. 실제로 자네는 자네가 죽은 후에도 지금까지와 변함없이 시간이 흘러갈 거라고, 그러니까 세계는 계속될 거라고 생각하고 있지 않나?"

"물론입니다. 제가 죽는다고 해서 시간이 멈춘다거나 세계가 끝나지는 않을 테니까요."

"통속적으로는 다들 그렇게 생각하겠지. 그럼 여기서 질문을 한번 바꿔 볼까? 자네가 머릿속에 떠올리는 일반적인 개념으로서의 시간이 아니라 자네 자신에게 있어서의 시간이라는 관점에서 생각해 보게."

"제게 있어서의 시간이요?"

"자네에게 있어서 시간은 정말로 무한한가?"

정신이 번쩍 들었다. 질문을 바꾸면 대답도 전혀 달라진다.

"아니요, 그렇지 않습니다. 제게 있어서 시간은 유한합니다."

"그래, 이제 알겠나? 조금 전까지 자네는 시간은 무한하다는 데 동의했지만 질문의 관점을 달리하니 대답도 완전히 달라졌지. 실제로 자네는 시간이 없다, 시간이 부족하다, 라고 느끼고 있을 걸세. 결국 하이데거가 말하는 '시간을 근원적으로 이해하는 방식'이라는 것은 바로 이러한 관점에서 시간을 바라본다는 의미라

내일 죽는 행복한 왕자

네."

무슨 말인지 조금 알 것도 같았다. 그러니까 '시간이란 이런 것이다'라는 세간의 상식에 얽매이지 않고 어디까지나 자기 자신에게 있어서 시간이 어떤 존재인지를 생각하라는 건가.

과거란 멋대로 내던져진 세계

"그럼 과거부터 살펴보도록 하지. 다시 한번 말하지만 과거에 대해 생각할 때 시계를 떠올려서는 안 되네. 즉 과거를 단순히 '이미 지나간 지금'이라고 파악해서는 안 된다는 말이네. 어디까지나 자네라는 인간에게 과거란 어떤 것인지, 그 관점에서 생각해야 하네. 그렇게 생각했을 때, 과거란 자네에게 있어서 '바꿀 수 없는 것'이지 않겠나?"

"물론입니다. 과거는 바꿀 수 없으니까요."

"그건 곧 어떻게도 할 수 없는 것이라는 말이니 바꿔 말하면 나 자신의 무력함을 스스로에게 상기시키는 것이라고 할 수 있겠지."

"무력함… 부채의식…. 아, 혹시 이것이 전에 말한 과거에 대한 부채의식이라는 겁니까?"

"오, 용케 기억하고 있었군. 맞네. 결국 하이데거의 시간론이란 '과거, 미래, 현재'를 각각에 대한 부채의식, 즉 '무력함'이라는 개념으로 이해하라는 말이라네."

"그런 거라면 이해가 갑니다. 과거에 있었던 일은 이제 와서 어떻게 할 수 있는 것이 아니니까요."

"음, 거기서 한 발 더 들어가 볼까. 과거에 대한 무력감이란 단지 그것만을 말하는 게 아니라네. 예를 들어 자네는 과거에 있었던 일은 바꿀 수 없다고 하지만 동시에 자네 의지로 바꿀 수도 있었다고 생각하고 있지 않은가?"

"아닙니까?"

"그렇지 않다네. 자네 말대로라면 과거는 '그 시점에서는 어떻게든 할 수 있었던 것'이 되지 않나. 그런 건 완전히 무력하다고는 할 수 없지. 과거의 무력함이란 훨씬 더 근원적인 것이라네. 예를 들면 이런 거지. 궁극적인 과거, 자네에게 있어 가장 오래된 과거를 떠올려 보게."

"가장 오래된 과거 말입니까? 어… 제게 있어 가장 오래된 과거라면 제가 이 세상에 태어났을 때가 아닐까요?"

"그래. 그럼 묻겠네. 그 일에 대해 자네는 책임이 있나? 그것은 자네 의지로 한 일인가?"

"아니요, 그렇지 않습니다. 저 스스로 왕족으로 태어나고 싶다

　　　　　내일 죽는 행복한 왕자

고 바란 적은 없지만 태어나고 보니 왕가의 일원이었던 거죠."

"그렇겠지. 그건 그야말로 '어떻게도 할 수 없었던 일'인 셈인데 하이데거는 이를 가리켜 '피투성(被投性)'이라고 표현했다네. 피투란 내던져짐, 그러니까 자네는 과거에 이 세상에 내던져진 존재라는 말이지. 참고로 이건 단순히 어떤 집에 태어날지를 스스로 선택하지 못했다는 의미가 아니네. 움직이면 배가 고프고, 먹지 않으면 죽는다. 추우면 동상에 걸리고, 높은 곳에서 떨어지면 죽는다. 이렇듯 죽음이 존재하는 세계에서 끊임없이 무엇을 할지 선택하며 존재해야만 하는 것. 이것 역시 자네가 자네 자신의 의지로 결정한 것은 아니지. 그런 의미에서 자네에게 있어 과거는 일방적으로 강요당한 것이라고 할 수 있네."

실제로 내가 태어난 시점에 이미 우주와 지구와 물리법칙은 존재하고 있었고, 이 나라와 이 나라의 역사 또한 존재했다. 나를 둘러싼 이러한 환경 속에서 갓 태어난 내가 무언가를 선택하거나 바꿀 수 있을 가능성은 전혀 없었다. 그렇게 생각하면 '과거란 내가 어떻게 할 수 없는 것'이라는 말은 참이라고 할 수 있을 것이다.

미래란 하나밖에 선택할 수 없는 세계

"다음으로 미래에 대해 생각해 볼까. 미래에 대한 부채의식, 미래에 대한 무력감이란 무엇인가. 자네는 뭐라고 생각하나?"

"글쎄요… 미래는 예측할 수 없다는 데서 오는 무력감일까요?"

"음, 본질을 정확하게 파악하고 있군. 조금 더 부연하자면 미래에 대한 무력감의 근원은 '하나의 가능성밖에 선택할 수 없다'라는 데 있다네."

"하나의 가능성밖에 선택할 수 없다?"

"그래. 예를 들어 자네에게는 다양한 가능성이 있네. 그야말로 무한에 가까운 선택지가 있다고 할 수 있겠지. 하지만 자네는 그중 하나밖에 선택할 수 없네. 반대로 말하면 그 외의 선택지는 모두 버려야 한다는 뜻이지. 물론 자네가 선택한 가능성이 가장 멋지고 올바른 정답이라면 더할 나위 없이 좋겠지. 하지만 앞에서도 말했듯이 인간은 전지전능한 존재가 아니기 때문에 무엇이 정답인지는 아무도 알 수 없네."

"그러니까 무엇이 옳은지 알 수 없는 상황에서 수많은 선택지 중 하나를 고르도록 강요당하고 있다는 겁니까?"

"맞네. 하이데거는 이것을 '기투성(企投性)'이라고 표현했지. 기투란 내던짐, 결국 불확실한 미래에 자신을 내던질 수밖에 없다는 말이지."

"어… 그러니까 과거가 피투성, 미래가 기투성이라는 거네요."

내일 죽는 행복한 왕자

머릿속으로 정리해 보았다. 요약하자면 과거란 '뭐가 뭔지 알 수 없는 가운데 영문도 모른 채 내던져진, 내 힘으로는 어떻게 할 수 없는 것'이고, 미래란 '뭐가 뭔지 알 수 없지만 나 자신을 내던 질 수밖에 없는, 마찬가지로 내 힘으로는 어떻게 할 수 없는 것' 라는 건가.

현재란 무력감을 느낄 수밖에 없는 세계

"마지막으로 현재에 대해 살펴보도록 하지. 현재, 그러니까 지 금에 대한 부채의식, 무력감이란 무엇인가. 그건 바로 수다와 호 기심의 유혹을 이기지 못하고 그리로 도피하게 되는 것을 의미 하네. 알면서도 그만두지 못하고 나도 모르게 계속하게 되는 무 력감 말이야. 과거와 미래를 살펴보는 과정에서 알게 된 바와 같 이 인간은 어떠한 가능성을 선택해야만 하는 세계에 내던져져서 그중 한 가지 가능성만을 선택하며 살아가야 하는 존재라네. 그 런 만큼 어떤 선택을 할지 진지하게 고민해 볼 수도 있겠지만 대 부분은 그렇게 하지 않아. 그냥 눈앞에 제시된 자극과 정보에 홀 라당 넘어가 버리지. 자네 주위에도 있지 않나? 아무 생각도 없이 멍하니 사는 것 같은데 늘 바빠 보이는 사람이 말이야. 그런 사람은 코앞에 당근을 매달고 달리는 말처럼 자기를 잃고 무언가에 쫓기듯 그날그날의 선택을 임시변통으로 처리해 나갈 뿐이지. 즉 대부분의 사람들에게 있어 현재라는 시간은 자기 뜻대로 되지 않는 무력감을 동반한다고 볼 수 있네."

무슨 말인지 알 것 같았다. 현재, 지금이라는 시간이 소중하다는 건 모두가 알고 있다. 하지만 생각할 시간도 없이 계속해서 새로운 것들이 몰려와서 그것들을 처리하다 보면 어느새 하루가 끝나 버린다. 결과적으로 시간을 허비했다는 부채의식에 시달리게 되는데 그렇다고 해서 당장 해야 할 일을 하지 않을 수도 없고, 달리 뾰족한 수가 있는 것도 아니다. 그러니 결국 오늘도 잡다한 일에 쫓기다가 남는 시간은 수다와 호기심으로 때우며 하루를 보내게 된다. 그런 의미에서 인간이 현재라는 시간 앞에서 무력한 존재이며, 현재에 대해 부채의식을 갖게 된다는 것은 부정할 수 없는 사실이다.

"지금까지 설명한 과거와 미래와 현재에 대한 내용을 그림으로 표현해 볼까. 이처럼 하이데거는 시간이라는 것이 인간에게 부채의식(무력감)을 느끼게 하는 존재라고 분석했는데 이런 그의 태도가 너무 부정적으로 느껴지지는 않을지 모르겠군."

"아니요, 그냥 역시 하이데거답다고 생각했습니다. 이다음에는 부정적인 것으로부터 눈을 돌리지 말고 정면으로 마주하라고 하

내일 죽는 행복한 왕자

겠죠?"

"오오, 정답이네. 자네도 이제 하이데거의 방식을 완전히 이해
한 것 같군. 사람들은 하이데거의 철학이 난해하다고 하지만 사
실은 천편일률적… 아니, 좋게 말해 일관성이 있는 편이지. 정리하

면 이렇게 되겠지.

우선 대전제는 '인간은 유한한 존재(죽는 존재)'라는 것.

이 전제로 인해 인간은 반드시 '부채의식(무력감)'을 느끼게 된다는 것.

이러한 부채의식을 무시하고 살아가는 것은 '비본래적인 삶'이며, 하이데거는 이러한 부채의식(자기의 유한성)과 정면에서 마주하라고, 아니, 거기서 더 나아가 '자신의 유한성(죽음)'을 미리 각오하라고 말하고 있네. 그것이 바로 '죽음의 선구적 각오'이고, 그렇게 사는 것이 '본래적인 삶'이라는 거지."

처음 들었을 때는 의미를 알 수 없는 주문처럼 들렸던 말이 오늘은 자연스럽게 이해가 되었다.

당신만이 선택할 수 있는 단 하나의 가능성

"자, 지금까지 살펴본 '죽음의 선구적 각오'와 '본래적인 삶', 즉 '자신의 유한성을 마주하며 살아간다'라는 것을 실천에 옮긴다면 '과거, 미래, 현재'는 자네에게 지금까지와는 전혀 다른 형태로 다가올걸세.

결론부터 말하자면 과거와 미래와 현재라는 각각의 시간이 가

내일 죽는 행복한 왕자

진 무력함을 긍정적인 의미로 변환시키라는 거네.

　우선 미래에 대해 살펴보면, 미래에 대한 무력감은 하나밖에 선택하지 못한다는 점에서 유래한다고 하지 않았나. 그 말은 곧 하나를 선택할 수 있다는 뜻이기도 하지. 다시 말해 '자네만의, 자네 고유의 가능성을 하나 선택할 수 있다'라는 거네."

　"정말 해석하기 나름이네요. 하지만 무엇을 선택하면 좋을지 정답을 모르지 않습니까."

　"음, 바로 그렇기 때문에 과거와 마주할 필요가 있는 것이지. 과거란 피투성, 즉 멋대로 내던져진 상황, 내 힘으로 어떻게 할 수 없는 것이라고 하지 않았나. 이 말은 뒤집으면 그 상황에 내던져진 인간은 자네뿐이며, 그것은 자네 고유의 과거라는 뜻이 되지."

　"나라는 인간 고유의 과거… 긍정적으로 해석하면 그렇게 되겠네요."

　"하이데거는 이것을 '숙명'이라고 불렀네. 예를 들어 어떤 사람이 결점을 안고 태어났다고 했을 때, 그건 그 사람이 선택한 것도 아니고 그에게는 아무런 책임이 없네. 단지 그러한 상황에 내던져졌을 뿐이야. 하지만 긍정적으로 해석하면 그건 그 사람만이 가진 과거, '숙명'이라고 볼 수도 있겠지. 이러한 숙명에 비추어 생각하면 미래에 무엇을 하면 좋을지도 자연스럽게 알게 되지 않겠나? 물론 그 선택이 정답인지는 알 수 없네. 잘 되리라는 보장도 없지. 하지만 '그만의 과거'를 가지고 '그만의 미래'를 선택했다면 결과가 어떻든 그것이 정답이라고 할 수 있지 않겠나. 그래서 하이데거는 '인생에서 길을 잃었을 때는 반복하라'라고 했다네. 자신이 지금까지 무엇을 해 왔는지, 어떤 환경에 내던져졌는지를 떠올리라고 말이야. 과거를 반복함으로써 자기 고유의 가능성을 찾을 수 있다고 본 거지.

마지막으로 현재. 여기까지 왔으면 답은 정해진 거나 마찬가지지. 현재라는 시간에서는 숙명에서 비롯된 자기 고유의 가능성을 자신의 의지로 선택해서 실천하면 되네. 그렇게 되면 현재는 더이상 도피의 장이 아니라 본래의 삶을 살아가기 위한 장이 되겠지."

여태껏 우울한 이야기만 하다가 막판에 드디어 용기를 주는 이야기가 나왔다.

"자, 강의는 여기까지네. 뭔가 허무한가? 철학서라는 게 원래 다 그렇다네. 마지막 페이지에 모든 수수께끼를 푸는 열쇠가 담겨 있어서 인생이 180도 달라지는 경험을 하게 된다거나 하는 일은 일어나지 않아. 모든 철학서는 다 허무하고 갑작스럽게 끝나 버리지."

"아니요, 허무하지 않습니다. 덕분에 제가 가장 필요로 했던 가르침을 얻을 수 있었습니다. 내가 태어난 환경, 과거에 한 일, 그리고 이제 곧 죽을 거라는 사실… 그것들로부터 고개를 돌리지 않고 남은 시간 동안 제가 할 수 있는 일을 해야겠다고 생각하게 되었습니다."

결론만 놓고 보면 그리 대단할 것도 없는 이야기다. 실제로 내가 이해한 내용을 요약하면 '끝이 있는 인생을 긍정적인 자세로 자기답게 살아가라'라는 것에 불과하다. 아마 스승님을 처음 만났을 때 이 말을 들었다면 납득이 가지 않았을 것이다.

하지만 지금은 다르다. 수없이 고민하고, 생각하고, 그때마다 하이데거의 철학에 대한 친절하고 자세한 설명을 들었다. 그렇기에 그때와 지금은 같은 말이라도 내게 다가오는 무게감이 전혀 다르다.

"예전에 스승님께서 가르쳐 주신 하이데거의 인간에 대한 정의, '인간이란 자기 고유의 존재 가능성을 문제 삼는 존재이다'

이것은 정말로 맞는 말이라고 생각합니다.

'내 인생은 무엇이었을까'

'나라는 존재는 대체 무엇이었을까'

인간은 이런 질문을 던질 수밖에 없습니다. 그리고 이 질문에 대한 답을 찾기 위해 살아갈 수밖에 없습니다. 왜냐면 인간은 유한한 존재이고, 죽음을 전제로 한 존재이기 때문입니다."

스승님은 내 말에 만족한 듯 말없이 고개를 끄덕였다.

이쯤에서 감사 인사를 드리고 수업을 마쳤으면 좋았을 텐데 그 순간 갑자기 머릿속에 한 가지 의문이 떠올랐다. 내가 생각하기에도 눈치 없고 세련되지 못한 질문이었다.

"그런데… 이 질문에 대한 답을 정말로 찾을 수 있기는 한 걸까요?"

내용을 제대로 이해한 게 맞느냐고, 그런 걸 물어서 어쩔 거냐고 괜한 핀잔만 듣고 끝날 것이 뻔했다. 그런데도 왠지 뭔가가 찜찜해 나도 모르게 이 질문이 입 밖으로 튀어나왔다.

인간은 '결코 손에 넣을 수 없는 것'을 원한다

하지만 예상과는 달리 스승님은 나를 바보 취급하지 않고 오히려 놀란 표정을 지었다.

"그야말로 핵심을 찌르는 질문이군. 하이데거는 이렇게 말했다네. '내 인생은 무엇이었을까', 이 질문에 답을 내는 것은 불가능하다고 말이야."

"불가능하다고요?"

어렵긴 하지만 스스로 노력하기 나름이다, 정도의 대답이 돌아올 것이라고 예상했는데 설마 절대로 불가능하다는 말을 듣게 될 줄은 몰랐다.

"잘 생각해 보면 알 수 있는 얘기라네. 인생은 죽기 직전까지 어떻게 될지 알 수 없지 않은가. 고대 그리스의 일곱 현인 중 한 명인 솔론은 이렇게 말했지. '어떤 사람이 운이 좋다고 말할 수는 있어도 행복하다고 말할 수는 없다'라고 말이야. 예를 들어 대단히 선량하고 모두에게 사랑받으며 즐거움으로 가득 찬 일상을 보내는 사람이 있다고 가정해 보세. 그런 사람이라도 죽음이 눈앞에 닥쳤을 때는 지독한 고통을 견디지 못하고 곁에 있는 가족과 연인에게 심한 욕을 퍼부을지도 몰라. 어쩌면 태어난 것을 후회하고 신을 저주하며 자기 인생의 모든 것을 부정할지도 모르지. 만약 그런 일이 일어난다면 그의 인생이 행복했다고는 말할 수 없지 않겠나. 그러니 한 사람의 인생이 어땠는지는 죽을 때까지 알 수 없는 거라네. 인간의 생은 죽어서 완결이 날 때까지 결코 그 의미와 가치를 정할 수 없다는 말이지."

"잠시만요. 무슨 말인지는 알겠습니다만 죽으면…."

"그래, 죽으면 그걸로 끝이지. 죽어서 비로소 지금까지의 인생이 무엇이었는지가 확정되더라도 그것을 경험할 수 있는 주체는 더 이상 존재하지 않아."

"그래서 불가능하다는 거군요…. 그럼 인간은 결코 손에 넣을 수 없는 것을 가지고 싶어한다… 라는 겁니까?"

"그래. 그게 바로 인간이 존재하는 방식이라네."

"뭐랄까 마지막까지 정말 하이데거답네요."

밑도 끝도 없는 이야기에 한숨이 나왔다.

"하이데거의 철학은 너무 심오해서 스승님께서 제게 가르쳐 주신 건 빙산의 일각에 불과하지 않을까 싶은데요. 제가 아직 듣지 못한 이야기가 많이 남아 있는 거 아닙니까?"

"그야 그렇지. 평생을 하이데거 연구에 바친 학자조차 아직 잘 모르는 부분이 있다고 할 정도이니 말이야. 그래도 하이데거 철학의 정수와 핵심은 자네에게 다 전달했다고 생각하네. 음… 정 자신이 없다면 졸업 시험이라도 보겠나? 실제로 '양심이 부르는 소리'에 귀를 기울여 보는 거지."

"알겠습니다. 한번 해 보겠습니다."

나는 심호흡을 하고 천천히 눈을 감았다. 물론 소리 같은 건 들리지 않았다. 바람결에 나뭇잎 바스락거리는 소리가 귓가를 간지럽혔다. 조금 시간이 지나자 수많은 기억의 파편들이 머릿속에 떠올랐다가 사라져갔다.

사치와 방탕을 일삼았던 일. 부왕에게 사파이어를 선물 받고 뛸 듯이 기뻤던 일, 그러고 보니 대신을 상대로 고래고래 소리를 지르며 접시를 집어 던진 적도 있었다. 그리고 죽음을 선고받은 일, 힐다를 걷어찬 일….

아아, 이 얼마나 어리석고 난폭한 인간이었단 말인가. 모든 것은 돌이킬 수 없다. 그리고 나는 죽는다. 지금 당장 죽을지도 모른다.

그렇게 생각하자 내 안에서 무언가 '부채의식' 같은 감정이 솟아나는 것이 느껴졌다. 얼핏 불쾌하게 느껴지는 그 감정에 의식을 집중해 보았다. '이것'은 대체 나에게 무엇을 전하기 위해 나타난 걸까.

"어떤가."

"아, 네…. 아무 소리도 들리지 않았습니다. 다만, '이대로는 안 된다'라는 강한 조바심을 느꼈습니다."

"호오."

"과거를 돌아보았습니다. 솔직히 말해서 제 숙명이 무엇인지는 아직 잘 모르겠습니다. 그러니 제가 미래에 무엇을 하면 좋을지도 모르겠고요. 하지만… 그럼에도 불구하고 마음속에서 누가 저를 부르고 있는 듯한 느낌이 들었고, 이어서 한 사람의 얼굴이 떠올랐고, 그러고 나니 뭔가… 이대로는 안 되겠다는 생각이 들었습니다."

정신이 들고 보니 아까와 같은 말을 반복하고 있었다. 유치하고 추상적이며 도무지 무슨 뜻인지 이해하기 힘든 말. 하지만 달리 표현할 방법이 없었다.

스승님은 내 대답을 듣고 흡족한 미소를 지었다.

"좋아, 그 정도면 충분하네! 자네는 틀림없이 '양심이 부르는 소리'를 들은 것 같군. 자, 어서 가 보게. 이제 여기에는 더 이상 볼일이 없으니."

"그동안 감사했습니다."

나는 그대로 뒤로 돌아 달리기 시작했다. 아직 내가 선택해야 할 미래는 보이지 않는다. 무엇을 하면 좋을지도 모르겠다. 하지만 적어도 나아가야 할 방향만큼은 틀리지 않았다는 확신이 있었다.

제8장

세계-내-존재

"안녕하세요, 오르카 씨. 빨래를 열심히도 하시네요."

"네, 안녕하세요. 빨랫감은 거기 두시면 됩니다."

마지막 수업 이후 네 번째 아침을 맞이했다. 나는 강가에서 빨래를 하고 있다. 힐다가 하던 일을 내가 대신 하겠노라고 자원한 것이다.

겨울도 아닌데 강물은 놀랄 만큼 차가웠다. 금세 손이 빨갛게 부어 오르고 가려워졌다. 그래도 내가 맡은 일이니 끝까지 해야만 한다. 힘들고 고통스럽지만 아마도 이곳에서는 이 정도가 너무 당연해서 전혀 특별한 일이 아닐 것이다.

강가에서 힐다 말고 다른 사람과 대화를 나눈 것은 처음이었다. 나를 수상하게 여기는 사람도 있었지만 대부분 좋은 사람들이었다. 모두가 서로 도우며 열심히 살아가고 있었다.

낮에 처리해야 하는 잡일이 끝나면 나머지 시간은 힐다의 병간호에 집중했다. 고열로 인한 고통을 조금이라도 줄이기 위해 차가운 강물에 적신 천으로 얼굴을 닦아 주고, 상처에서 나는 썩은 내를 맡고 모여드는 날벌레를 쫓았다. 처음 해 보는 일투성이라 익숙해지기까지 꽤 시간이 걸렸다.

힐다가 눈을 감고 있는 시간이 조금씩 늘어났다. 끝이 다가오고 있었다. 사실 그건 피차 마찬가지이긴 했다. 실제로는 내가 먼저 죽을지도 모른다. 주치의의 말대로라면 내게 남은 시간은 길어야 5일 정도였다. 하지만 지금은 그런 건 아무래도 상관없으니 힐다를 조금이라도 덜 힘들게 해 주고 싶었다. 그것이 내 사명이라고 생각했다.

문득 힐다의 손이 눈에 들어왔다. 피골이 상접해서 마른 나무 껍질처럼 생기가 느껴지지 않았다. 나는 힐다의 손을 살며시 들어 올려 귀한 보석을 다루듯 소중히 어루만진 다음 손등에 키스했다. 사랑스럽다고 느꼈기 때문이다.

"키스… 한 거예요?"

힐다가 눈을 뜨고 물었다.

"아아, 미안. 힐다, 기분은 좀 어때? 물 마실래?"

나도 모르게 한 행동을 들켜서 당황했지만 그보다 의식이 돌아와서 다행이라는 안도가 더 컸다.

"…고마워요, 오르카. 키스… 할 거면… 입술에 해 주면 좋겠는데…. 아, 역시 그건 좀 싫을 수도 있겠네요…."

"힐다…."

그런 게 아니라고 부정하고 싶었다. 하지만 생각대로 말이 나오지 않았다.

"힐다, 나는…."

나는, 나한테는 그럴 자격이 없다. 그녀를 사랑할 자격도, 그녀에게 사랑받을 자격도….

"…나 좀 일으켜 줄래요?"

아무 말도 하지 않는 내게 실망한 듯한 목소리였다.

나는 묵묵히 힐다가 침대에서 일어나 앉을 수 있도록 도왔다. 힐다에게 물잔을 건네 마시게 한 뒤 잠시 그 자세 그대로 안고 있었다. 이제는 열도 나지 않는 차갑게 식은 몸을 조금이라도 따뜻하게 해 주고 싶었기 때문이다.

나는 힐다에게 내 죄를 고백하지 않기로 결심했다. 힐다를 지금보다 더 괴롭게 만들 필요는 없다. 내가 죄를 숨기고 비열한 거짓말쟁이인 채로 죽으면 그만이다. 물론 마음은 편치 않았다. 만약 사후 세계가 존재한다면 나는 지옥에 떨어질 것이다. 그래도 상관 없었다. 차라리 내가 힘든 게 더 나았다.

하지만… 힐다에게 거짓말을 한 채로 지낸다는 것은 곧 그녀를 사랑할 자격을 잃는다는 것을 의미했다. 그러니 내가 할 수 있는 일이라고는 그저 힐다의 병간호를 하고, 병든 몸을 덥혀 준다는 핑계로 말없이 끌어안는 것뿐이었다.

그리고 마침내 때가 왔다.

힐다의 상태가 급변했다. 몸을 잔뜩 웅크린 채 극심한 고통으로 얼굴을 일그러뜨리며 너무 아프다고 속삭이듯 비명을 내질렀다. 진통제를 먹였지만 효과가 없었다. 힐다는 고통을 잊기 위해서인지 아니면 마지막이 다가왔음을 직감해서인지 숨을 헐떡이며 내게 말했다.

"오르카… 내 인생은 대체 뭐였을까요? 가난하고 몸도 약하고… 특별히 잘하는 것도 없고 걸리적거리기만 하고… 태어나서 지금까지 평생 남들 눈치만 보며 살아왔어요. 그래도 나 나름대로 최선을 다했어요. 힘들어도 항상 웃고, 내게 심하게 대하는 사람을 욕하지도 않았어요. 힘들고 괴롭고 외로워도 꾹 참고 열심히 살아왔어요. 그런데… 죽으면 다 끝인 건가요? 그럼 난 대체 뭘 위해서 지금까지 이 고생을 하며 살아온 거죠? 모르겠어요,

오르카, 내가 살아온 인생에 뭔가 의미가 있었을까요?

전부 다 쓸데없는 짓이었던 걸까요? 이대로 죽어 없어진다니 너무 무서워요, 오르카. 죽고 싶지 않아, 난 정말 죽고 싶지 않아요!"

힐다는 눈물을 흘리며 몇 번이고 죽음이 무섭다고 부르짖었다.

지금이야말로 스승님께 배운 내용을 말해 줘야 한다고 생각했다. 죽음을 각오하고 자신의 유한성과 마주하며 본래적으로 살아야 한다고. 지금 힐다에게 희망과 용기를 주기 위해서는 죽음의 철학자가 남긴 구원의 말을 건네야 한다고.

하지만 사경을 헤매고 있는 힐다를 앞에 두고 내 입에서 흘러나온 건 전혀 다른 말이었다.

"그래, 그렇겠지, 힐다, 나도 무서워! 아무리 열심히 앞만 보며 살아도 결국에는 죽어 없어진다면 이 모든 게 다 무슨 소용이겠어!"

죽음이 초래하는 허무감. 모든 의미가 사라지고 나라는 존재를 부정당하는 감각, 천길 낭떠러지 아래로 떨어지는 듯한 절대적인 무의 공포. 이 상황에서 무슨 말을 건넨다 한들 위로가 될 리 없다.

그러니 내가 할 수 있는 일이라고는 오직 사과뿐이었다.

"미안해, 힐다! 모르겠어! 나는 아무것도 할 수 없어! 아무것도 해 줄 수 있는 게 없어! 미안, 정말 미안해!"

나는 왜 이다지도 무력하단 말인가. 아무짝에도 쓸모없는 인간이 된 기분이었다.

나는 눈물과 콧물로 범벅이 된 채 힐다를 꼭 끌어안고 계속해서 사과했다.

그리고 동이 틀 무렵, 힐다는 조용히 숨을 거두었다.

나는 주위 사람들에게 힐다가 죽었다는 사실을 알린 후 비틀거리며 밖으로 뛰쳐나왔다. 목적도 없이 눈물을 주룩주룩 흘리며 하염없이 걸었다. 정신을 차리고 보니 시가지 안에 들어와 있었다. 여전히 눈물은 멈추지 않았다. 나는 흐느껴 울며 인파 속을 걸어갔다. 지나가던 사람들이 고개를 돌려 나를 쳐다봤지만 아무래도 상관없었다.

힐다가 죽었다. 영영 사라진 것이다.

"오르카… 나… 다시 태어나면… 사랑을 해 보고 싶어요."

힐다의 마지막 말이었다.

힐다가 죽고 확실히 깨달았다. 나는 힐다에게 애정을 느끼고 있었다. 힐다를 사랑했다. 하지만 이제 힐다는 없다. 그리고 나도 조만간 이 세상에서 사라질 것이다. 그렇다면 나는 지금 왜 살아 있는 걸까?

가슴에 커다란 구멍이 뚫린 것 같았다. 무력감과 후회가 나를 무겁게 짓눌렀다. 살아 있다는 것에서 아무런 의미도 가치도 찾을 수가 없었다. 결국 마지막에는 다들 죽어 없어지는 거라면 지금 죽든 내일 죽든 마찬가지 아닌가.

이런 세상에 1초도 더 머무르고 싶지 않았다.

끝내자. 내 손으로 끝내 버리자.

호수에서 있었던 일이 떠올랐다. 주치의에게 죽음을 선고받고 절망에 빠진 나머지 호수에 몸을 던지려고 했던 어두운 기억. 그와 동시에 떠오르는 장면이 있었다. 낚싯대를 잡고 밝게 미소 짓던 노인의 모습.

그래, 스승님이 계셨지. 만나고 싶다. 스승님을 만나러 가자.

'죽음의 공포'와 어떻게 마주할까?

그렇게 마음 먹고 한 걸음 내디뎠을 때, 맞은편에서 오는 군중 속에서 익숙한 얼굴을 발견했다. 스승님이 거기 서 계셨다.

"여어, 젊은이."

"스승님, 여기는 무슨 일로?"

호숫가가 아닌 장소에서 만나는 건 처음이었다. 언제나 가뿐한 차림이던 스승님이 오늘은 등에 커다란 봇짐을 지고 있었다. 크기만큼 무게도 무거운지 허리가 굽어 있었다. 안 좋은 예감이 들었다.

"자네한테 작별 인사를 하러 왔다네. 오늘 이 나라를 떠날 예정이거든."

순간 눈앞이 캄캄해졌다. 뒤이어 하늘이 무너지는 듯한 절망감이 엄습했다. 나는 비틀거리며 스승님께 달려가 발치에 엎드려 애원하듯 빌었다.

"스승님, 제발 가지 말아 주십시오. 스승님마저 안 계시면 저는…."

스승님은 천천히 고개를 저었다. 그리고 온화한 목소리로 내게 말을 건넸다.

"젊은이, 고개를 들게. 그리고 거리를 지나다니는 이들을 좀 보게. 실로 다양한 사람들이 있지 않은가."

그 말에 고개를 들자 거리를 지나다니는 군중이 눈에 들어왔다. 다들 바쁘게 걸음을 옮기고 있었다.

"저들은 모두 각자 다른 방향을 향해 걸으며 저마다 다른 인생을 살고 있네. 갈림길에서 오른쪽으로 방향을 꺾는 사람이 있는가 하면 왼쪽으로 꺾는 사람도 있지. 자네와는 전혀 다른 사고방식을 가진 사람도 있을 것이고, 마음이 맞지 않는 사람도 있을걸세. 가치관도 사상도 종교도 사람마다 다 다르니 그게 당연한 거라네.

내일 죽는 행복한 왕자

그래서 싸움이 일어나지. 유일하게 옳은 가치관, 절대적으로 옳은 사상이 존재한다면 싸움을 멈출 수 있을지도 모르겠지만 그런 건 존재하지 않아. 설령 존재하더라도 인간이 알 수 있을 리도 없고. 즉 전 인류가 공유할 수 있는 '옳음'과 '정의'는 어디에도 존재하지 않는다는 말이네. 그래서 분단과 대립이 발생하고 인간은 저마다 고독을 안고 살아가게 되지.

그렇다면 시간이 흘러 기술이 발전하고 생활이 더 풍요로워지면 고독은 치유될까? 언젠가는 수많은 정보를 수집해서 개개인에게 최적화된 즐거움을 자동적으로 공급하는 시대가 올지도 모르지. 눈앞에 사람이 없더라도 말을 주고받을 수 있고, 타자에 대한 부채의식을 느끼지 않고 인간관계를 구축할 수 있는 시대가 올지도 몰라. 가장 효율적인 방식으로 즐거움을 제공하는 사회, 수다와 호기심으로 인생을 채워 주는 안전하고 쾌적한 사회, 그런 사회가 언젠가 반드시 도래할걸세. 하지만 그건 곧 오른쪽을 좋아하는 사람에게는 오른쪽 길만 택하게 하고, 왼쪽을 좋아하는 사람에게는 왼쪽 길만 택하게 해서 서로가 만날 일이 없는 사회를 만든다는 뜻이기도 하다네. 다시 말해 기술이 발전해서 즐거움은 늘어나겠지만, 사회의 분단은 더욱 확대되고 개인의 고독 역시 가속화된다는 거지. 결국 개인이 개인 차원에서 아무리 즐거움과 쾌적함을 추구한다 한들 고독은 치유되지 않아. 행복해질 수 없단 말이네.

그렇다면 뿔뿔히 흩어진 개인을 서로 이어주는 것이 이 세상에 존재할까? 모든 인류에게 공통되는 것이 이 세상에 존재할까?

존재하고말고. 그게 바로 죽음이라네. '인간은 반드시 죽는다', 이것은 모두에게 공통적으로 적용되는 사실이지. 너무 당연해서 평소에는 의식하지 않고 지내지만 잘 생각해 보면 놀랍지 않나? 이렇게 많은 사람들이 저마다 다른 인생을 살면서 서로 다른 방향을 향해 걸어가고 있는데, 그 부분만은 완벽하게 일치한다는 게 말이야. 각자가 향하는 길 끝에는 반드시 죽음이 기다리고 있네. 즉 모두가 죽음을 향해 걸어가고 있는 셈이지.

인간은 모두 죽네. 부자든 가난뱅이든, 똑똑한 사람이든 멍청한 사람이든, 왕족이든 평민이든, 승자이든 패자이든 상관없이 말이야. 마지막에는 반드시 죽게 되어 있어. 이렇듯 죽음에서 벗어날 수 없는 인간은 분명 앞으로도 저마다 가지고 있는 생각의 차이로 인해 서로 싸우고 고독함을 느끼겠지. 하지만 그건 그들 잘못이 아니라네. 누구의 잘못도 아니야. 죽음이라는 현실로부터 눈을 돌리고 비본래적으로 살아가는 것, 바로 그것이 모든 혼란의 원인이라네. 만약 모두가 '나는 언젠가 반드시 죽는다'라는 사실을 솔직하게 인정하고, 그와 동시에 '상대도 언젠가 반드시 죽는다'라는 사실을 받아들인다면, 인간은 사상과 국가와 종교를 뛰

내일 죽는 행복한 왕자

어넘은, 보다 근원적인 차원에서 깊이 연결되어 서로에게 좀 더 상냥해질 수 있지 않을까? 그렇게 되면 이 세상은 지금보다 훨씬 더 행복하고 나은 세상이 될지도 모르지. 이런, 미안하네. 이야기가 많이 길어졌군. 그러니까 내가 말하고 싶었던 건 자네는 결코 고독하지 않다는 거네."

감사했다. 내 상태가 이상하다는 것을 눈치채고 위로해 주려고 하는 스승님의 마음이 느껴졌기 때문이다. 하지만….

"그렇게 말씀해 주셔서 감사합니다. 하지만 소용없습니다. 결국 저는 아무것도 이해하지 못하고 있었습니다. 저는 여전히 죽음이 무섭고, 외로움과 허무감에서 벗어나지 못하고 있습니다."

스스로의 한심함과 무력함에 눈물이 났다. 나는 그대로 땅바닥에 이마를 대고 어린애처럼 흐느껴 울었다.

"그렇지 않네. 자네는 이제 괜찮아."

하늘에서 따스한 온기가 내려왔다. 스승님이 내 머리를 부드럽게 쓰다듬었다.

"자, 이제 그만 가 봐야겠군. 양심이 부르는 소리에 귀를 기울이며 언제 어느 순간에도 자네답게 자네 고유의 삶을 살아가도록 하게. 그리고 지금부터 하는 말이 내 마지막 말이니 잘 듣게. 다른 어려운 얘기들은 다 잊어버려도 좋으니 이거 하나만은 꼭 기억하게.

'인생은 끝날 때까지 끝난 것이 아니다'

그러니 오스카, 살게! 죽을 때까지 최선을 다해 살아야 하네!"

스승님은 나를 그 자리에 내버려 둔 채 군중 속으로 사라져 갔다. 스승님이 사라진 방향을 계속 쳐다봤지만 돌아올 기미는 보이지 않았다. 마치 죽음과도 같은, 너무나도 갑작스러운 이별이었다.

힐다도 없다. 스승님도 안 계시다. 나는 마침내 혼자가 되었음을 실감했다.

— 그때.

빛바랜 빨강이 눈에 들어왔다. 마침 내 앞을 지나가던 노파가 목에 두른 목도리였다. 목도리는 색이 바래고 낡은 데다가 군데군데 올이 풀린 곳도 있었다. 하지만 그래서 더 노파가 그 목도리를 얼마나 소중히 생각하는지 한눈에 알 수 있었다. 어쩌면 자식이나 손주에게 선물 받은 것인지도 모른다. 좋아하는 물건을 두고두고 간직하며 소중히 다루는 노파의 성품이 목도리에서 배어 나오는 것 같았다. 그 모습을 보고 있자니 어째서인지 눈물이 차올랐다. 가슴이 먹먹했다. 낡고 해진 빨간 목도리. 그리고 그 목도리를 몸에 두르고 걸어가는 등이 굽은 노파. 그 모습이 무언가 깊은 의미가 담긴 숭고한 예술 작품처럼 보였다.

그러자 갑자기 모든 것이 달라 보였다. 그때까지는 하나의 무리로만 인식하고 있었던 군중이 한 사람 한 사람 또렷이 보이기 시작한 것이다.

아이의 손을 거칠게 잡아끄는 어미가 있었다. 아이에게 꾸물거리지 말라고 호통을 치는 어미의 손은 삯바느질 때문인지 온통 상처투성이여서 보기만 해도 안쓰러웠다.

누가 더 센지 겨루어 보자며 드잡이를 하는 술 취한 사내들이 있었다. 기세 좋게 고함을 지르고 있지만 눈은 서로를 보고 있지 않았고, 눈동자 속에는 깊은 고독과 두려움이 가라앉아 있었다.

성냥을 파는 소녀가 있었다. 길가에 서서 생글생글 웃으며 호객을 하고 있지만, 눈가에는 눈물 자국이 남아 있고 뺨은 빨갛게 부어올라 있었다.

저마다 저마다의 인생을 살고 있다.

저 사람도 살고 있다. 저 사람도 살고 있다. 저 사람도 살고 있다. — 그리고 죽을 것이다.

모두 죽을 것이다.

내 눈에 비치는 모두가 죽음을 안고 살아가고 있었다. 저들도 나와 같은 인간이라고, 분명 알고 있었을 텐데 지금 처음으로 깨달은 듯한 기분이 들었다.

인간?

뭔가 이상했다. 중요한 무언가를 놓치고 있는 것 같았다. 저 사람들도 모두 각자의 삶을 살고 있다. 그런 이들을 뭉뚱그려서 인간이라고 부르는 것은 마치 대량 생산된 제품이나 도구처럼 취급하는 게 아닌가 하는 생각이 들었다.

그렇다면 어떻게 불러야 할까. 어떤 표현을 사용하는 것이 가장 적절할까. 지금 내가 저들을 어떻게 인식하고 있는지를 생각나는 대로 입 밖으로 내뱉어 보았다.

"저 사람들은 — 정신을 차리고 보니 이 세상에 내던져진 상태였고, 죽음이라는 운명에서 벗어날 수 없으며, 무엇이 옳은지도 알지 못한 채 끊임없이 자기 고유의 삶의 방식을 탐구하고 다른 이들과 관계를 맺으면서 지금 현재 여기에 살아 있는 존재 — 이다."

말하고 보니 맞는 것 같았다. 정답은 이것이라는 확신이 들었다. 다른 호칭을 사용한다는 것은 저들의 삶에 대한 모독처럼 느껴졌다.

하지만 너무 길었다. 저 사람들을 지칭할 때마다 매번 이 말을 반복할 수는 없는 노릇이다. 그렇다면 길이를 좀 줄여야 할 텐데…. 그 순간, 머릿속에 기적처럼 한 단어가 떠올랐다.

— 현존재.

웃음이 나왔다. 어째서 하이데거가 인간에 대해 말할 때 이런 밑도 끝도 없는 용어를 사용한 것인지 비로소 이해가 갔다. 이렇게 부르고 싶었던 것이다. 아니, 이렇게 부를 수밖에 없었던 것이다.

길에서 스쳐 지나가는 타자. 이름도 모르는 타자. 그들 한 사람한 사람이 모두 나와 같이 죽음의 운명을 짊어진 채 지금 여기에 존재하고 있다. 그들 역시 나처럼 무력한 상태로 이 세상에 내던져진 유한한 존재인 것이다. 아아, 그런 이들에게 어떻게 공감과 애정을 느끼지 않을 수 있단 말인가.

나는 큰 소리로 외쳤다.

"나는 누구도 대신할 수 없는 존재이다! 타자는 누구도 대신할 수 없는 존재이다!"

문득 내가 서 있는 길을 내려다보았다. 거기 길이 있음을 깨달았다.

이 길은 그냥 여기 존재하는 것이 아니다. 많은 사람들과 연관을 맺으며 여기 '존재'하게 된 것이다. 그리고 동시에 나와 연관을 맺으며 지금 여기 '존재'하는 것이다.

나는 하늘을 느꼈다. 거기에 하늘이 있음을 깨달았다.

나는 대지를 느꼈다. 거기에 대지가 있음을 깨달았다.

마치 처음 보는 것처럼 거기에 있음을 깨달았다. 그것들이 어떻게 거기 있게 되었는지는 알 수 없다. 내게 보이는 것은 도구로서의 표면에 불과하며, 그 뒤에 자리 잡은 거대한 시스템에 대해서는 알 길이 없다. 하지만 그렇기에 더욱 경외하고 감사하는 마음이 솟아올랐다. 그것들은 더 이상 도구가 아니었다.

신기한 경험이었다. 나무뿌리처럼 무의미한 모양에 지나지 않았던 풍경들이 갑자기 의미를 갖기 시작했다.

모두가 대체 불가능한 존재로서 존재하고 있었다. 그리고 그런 대체 불가능한 것들로 가득 찬 세계에서 나는 누구도 대신할 수 없는 존재로서 존재하고 있다.

세계가 있다. 타자가 있다.

나는 세계와 타자와 함께 있다.

여기서 말하는 '있다'는 말로 설명하기 어렵다.

'있다'는 '있다'일 뿐이다.

나는 태양을 느꼈다. 태양이 거기 있음을 깨달았다.

이 얼마나 아름다운 세상이란 말인가. 나는 무엇으로도 대신할 수 없는 세상 속에 존재하고 있었던 것이다.

나는 그 자리에 꿇어앉아 기도를 올렸다.

"아아, 나는 실로 행복한 존재로구나!"

최종장

행복한 왕자

하아, 하아….

대신은 숨을 헐떡이며 빠른 걸음으로 성 안 복도를 걸어갔다.

호화로운 성이었다. 정교한 금장식으로 둘러싸인 벽과 잘 닦인 진주 같은 흰색 바닥이 끝이 보이지 않을 정도로 길게 이어져 있었다. 세간에서는 '근심 없다'는 뜻의 '상수시(Sans Souci) 궁전'이라고 불리는 아름다운 성이었지만 그런 장소에 어울리지 않게 대신은 땀을 뻘뻘 흘리며 오만상을 찌푸리고 있었다.

"정말이지… 복도가 쓸데없이 너무 길다고…."

어제까지 오스카 왕자의 장례식으로 연일 밤을 새우다시피 한 대신은 지친 얼굴로 짜증 섞인 푸념을 내뱉었다. 그럴 만도 했다. 생전 왕자의 최측근이었다는 이유만으로 원하지도 않는 장례식 총괄 지휘를 맡게 되었고, 드디어 장례식이 끝나고 이제 눈 좀 붙일 수 있겠다 하던 찰나에 호출을 당한 것이다.

호출한 상대는 왕자의 아버지, 국왕이었다.

"대신의 생각은 어떠한가?"

알현장에 들어서기가 무섭게 국왕은 대신에게 의견을 물었다. 큰일을 마치고 온 자신에게 수고했다는 말 한마디 없다는 사실이 내심 서운했지만 대신은 내색하지 않고 옆에 대기 중이던 왕의 시종에게 건네받은 종이를 빠르게 훑어보았다.

"이건⋯ 솔직히 말씀드리자면, 말이 안 된다고 생각합니다."

"흠, 역시 그런가."

국왕은 끙하고 앓는 소리를 냈다. 문제의 종이는 오스카 왕자가 남긴 유서였다. 유서에는 자신이 가진 재산을 전부 민중, 특히 가난한 사람들에게 나눠 달라는 내용이 적혀 있었다.

"민중에게 재화를 배분한다 한들 그들은 그것을 쓰는 방법을 모릅니다. 말하자면 사막에 물을 뿌리는 것이나 마찬가지지요. 왕자님께서는 죽음의 고통에 사로잡혀 제대로 된 사고가 불가능한 상태에서 이런 유서를 남기신 것이 아닌가 싶습니다."

내일 죽는 행복한 왕자

"오오, 대신이여, 짐의 생각 역시 그대와 같다. 아무래도 제정신이 아니었겠지. 이 유서대로 했다가는 오히려 왕자가 편히 눈 감지 못할 것이야."

"맞습니다. 왕자님의 재산은 더 효과적으로 사용해야 한다고 생각합니다."

"음, 그렇다면 어디에 사용하면 좋을꼬. 왕자는 화려한 것을 좋아했으니… 오, 그래, 그게 좋겠군. 동상이야. 금괴를 녹여서 왕자의 모습을 본뜬 화려한 황금 동상을 만드는 거네."

"아… 네."

"응? 짐은 묘안이라고 생각했네만 대신은 불만인가?"

"그럴 리가요! 천부당만부당한 말씀입니다. 더할 나위 없이 훌륭한 아이디어라고 생각합니다."

어리석기 그지없다, 재화를 사용하는 방법을 제일 잘 모르는 사람은 국왕이 아닌가. 이런 말이 목까지 올라왔지만 대신은 꾹 참고 정중하게 고개를 숙였다.

"폐하의 세심한 배려에 천국에 계신 오스카 왕자님도 분명 기뻐하실 겁니다."

"좋네, 그렇다면 왕자의 최측근이었던 자네가 이 일을 맡도록 하게."

대신은 순간 정신이 아찔해졌지만 필사적으로 마음을 가라앉

히며 분부대로 하겠노라고 대답했다.

　반년이 지나 동상의 완성이 며칠 앞으로 다가왔다.

　제작을 담당한 장인들의 우두머리가 대신에게 다가와 진척 상황을 보고했다.

　"나으리, 이걸 좀 보십시오. 몸통은 순금, 두 눈은 눈부시게 빛나는 사파이어입니다. 이렇게 아름답고 호화로운 동상은 전 세계를 다 뒤져도 찾아볼 수 없을 겁니다."

　"음, 수고했네. 이 정도면 폐하도 만족하시겠지. 그건 그렇고…."

　대신은 주위를 조심스럽게 살핀 다음 장인의 귀에 얼굴을 가까이 가져다 대고 낮은 목소리로 속삭였다.

　"전에 말한 그 건은 어떻게 되었나?"

　"네, 동상의 재료인 금괴는 지시하신 대로 옮겨 놓았습니다."

　"그런가. 잘했네."

　"하지만 나으리, 정말 괜찮겠습니까? 만에 하나 들키기라도 한다면 조용히 끝나지는 않을 텐데요."

　"들킬지 안 들킬지는 자네 실력에 달려 있지. 정말로 금박이 벗겨지는 일은 없으렷다?"

　"물론입니다. 비나 눈이 내리는 정도로는 전혀 영향을 받지 않으니 누가 표면을 억지로 긁어내거나 하지 않는 이상 멀쩡할 겁니다."

얼굴이 비칠 정도로 번쩍번쩍 광이 나는 거대한 황금 동상. 하지만 실상은 교묘한 눈속임에 지나지 않았다. 속은 고철로 되어 있고, 겉에만 얇은 금박을 씌웠을 뿐이었다. 원래 동상 제작에 사용될 예정이었던 금괴는 대신이 몰래 빼돌린 뒤였다. 이런 곳에 장식해 두는 것보다는 자신이 사용하는 편이 나라를 위하는 길이라는 게 대신의 생각이었다.

"아무리 그래도 대체 누가 이런 말도 안 되는 물건을 만들 생각을 한 걸까요? 기왕 만들 거라면 황금 풍향계 같은 게 그나마 쓸모가 있었을 텐데. 아, 그나저나 나으리, 동상의 이름은 뭐라고 할까요?"

"이 동상의 이름 말인가? 으음…."

가장 먼저 떠오른 이름은 '오스카 왕자'였지만 그건 너무 평범했다. 무지하고 미천한 민중에게 예술적 센스가 없다는 평을 듣기는 싫었다. 뭔가 세련된 이름이 필요했다.

문득 왕자가 죽기 전에 한 말이 생각났다.

"결정했네. '행복한 왕자'로 하지."

"오오, 역시 센스가 대단하십니다. 좋은 이름이네요."

이렇게 탄생한 '행복한 왕자' 동상은 높고 거대한 기둥 위에 놓였다. 동상을 높은 곳에 설치한 것은 사람들이 왕자의 동상을 시

내 어디서나 볼 수 있도록 해야 한다는 대신의 배려인 동시에 도난을 방지하기 위한 대책이기도 했다. 아니, 사실 진짜 이유는 동상이 가짜라는 것을 들키지 않기 위해서였을지도 모른다.

햇빛을 받아 눈부시게 빛나는 황금 동상을 올려다보며 대신은 계획의 성공을 확신했다. 물론 언젠가는 금박이 벗겨지는 날이 올지도 모른다. 하지만 그것은 적어도 100년이나 200년 후일 것이고, 대신으로서는 자기가 죽기 전까지만 동상이 버텨 주면 그 후에는 아무래도 상관없었다.

그때 갑자기 무언가가 대신의 시야를 가렸다. 검은색 제비였다. 제비는 대신의 눈앞을 잽싸게 가로지르더니 바람을 타고 날아올라 '행복한 왕자' 동상의 어깨 위에 내려앉았다.

"예끼!"

제비가 동상에 상처라도 낼까 걱정이 된 대신은 땅바닥에 떨어진 돌멩이를 주워 던지려다가 멈칫했다. 돌멩이가 동상에 맞기라도 하면 큰일이었다. 그 대신 크게 소리를 지르며 쫓으려 했지만 동상이 설치된 기둥이 워낙 높다 보니 전혀 효과가 없었다.

대신은 제비를 쫓으려고 몇 차례 시도하다가 결국 포기했다. 새를 상대로 싸우는 것은 아무래도 이쪽이 불리했다. 지금 저 새를 쫓더라도 금방 또 다른 새가 날아올 수도 있었다.

그때 겨울의 도래를 알리는 차가운 바람이 불어 왔다. 추위에

내일 죽는 행복한 왕자

몸이 움츠러든 대신은 생각을 바꿨다.

"어차피 이제 곧 겨울이잖아. 제비도 조만간 다른 곳으로 옮겨 가겠지. 야, 이 멍청한 제비 녀석아. 꾸물거리다가는 금방 겨울이 와서 얼어 죽을 거다."

대신은 제비에게 한차례 욕을 퍼붓고는 찬바람에 몸을 부르르 떨며 그 자리를 떠났다.

"제비야, 제비야."

"누구? 어디서 소리가 나는 거지?"

제비는 주위를 두리번거렸지만 아무도 보이지 않았다.

"안녕? 나는 행복한 왕자라고 해. 네가 지금 앉아 있는 곳이 내 어깨란다."

"꺅! 깜짝이야! 동상이 말을 하다니!"

"신기하지? 나도 신기해. 어떻게 된 일인지 영문을 모르겠어. 나는 분명 죽었는데 정신을 차리고 보니 이런 황금 동상이 되어 있 더라고."

"흐음, 그렇군요. 아무튼 운이 좋았네요. 죽었다가 다시 살아났 으니 말이에요."

"아니, 이건 나한테 내려진 벌인 것 같아. 나는 생전에 아주 나쁜 짓을 저질렀거든. 그래서 한 번 더 죽음을 맛보라는 게 아닌가 싶어."

"어? 하지만 동상이니까 이제 안 죽는 거 아닌가요?"

"그렇지 않아. 형태가 있는 건 반드시 망가지게 되어 있어. 죽지 않는 것, 망가지지 않는 것은 존재하지 않아. 물론 생명이 있는 것보다는 오래 살지도 모르지만 미래에는 반드시 죽음이 기다리고 있지."

"어쨌거나 나보다는 오래 살 거잖아요. 이 동상은 아주 멋있고 단단하고 반짝반짝 빛나는걸요."

"글쎄. 사실 내 몸은 겉으로는 그럴듯해 보이지만 속은 버려진 고철을 모아서 만든 거라 아마 그리 오래 버티지는 못할 거야."

"어머, 부실 공사라고요? 그럼 언제 무너져 내릴지 모른다는 거네요?"

"그래. 어쩌면 지금 당장 무너져 내릴지도 모르지."

"그런 무서운 말 하지 마세요!"

"하하하, 어쨌든 빨리 여기를 떠나도록 해."

"왜요?"

"이제 곧 겨울이 올 거야. 여기서는 제비가 겨울을 날 수 없어. 빨리 따뜻한 남쪽으로 이동하지 않으면 얼어 죽을 거야."

내일 죽는 행복한 왕자

"그러게요. 충고해 줘서 고마워요. 이 말을 하려고 나를 부른 거군요? 하지만 하룻밤 정도는 여기서 자도 가도 괜찮지 않을까요? 모처럼 이렇게 대화가 가능한 왕자님 동상을 만났으니 말이에요."

"……."

"왜 그러세요?"

"제비야, 그렇다면 여기서 떠나기 전에 내 부탁 하나만 들어줄래?"

다음 날, 제비는 왕자의 부탁을 완수하고 돌아왔다.

"다녀왔습니다, 왕자님. 말씀하신 대로 잘 전달하고 왔어요."

"고맙구나, 제비야."

"아이 엄마가 깜짝 놀라던데요. 그야 아침에 눈을 떴을 때 머리맡에 커다란 사파이어가 놓여 있으면 누구라도 놀라겠지만요. 그나저나 정말 그렇게 줘도 되는 거였어요?"

"응, 내가 꼭 그렇게 하고 싶었거든. 무리한 부탁을 해서 미안하구나."

왕자가 미안하다는 듯 사과했다. 동상이라서 표정은 변함이 없었지만 어제와 달리 오른쪽 눈에 박혀 있던 커다란 사파이어가 온데간데없이 사라져 있었다. 사파이어가 있던 자리는 움푹 파여서 검은 고철이 드러나 보였다. 제비는 왕자의 머리 위를 빙빙 돌며 말했다.

"아침 산책을 하는 김에 빛나는 돌을 놓아두고 왔을 뿐이니 수고랄 것도 없지요. 아무리 동상이라고는 해도 사람 눈알을 파낸다는 게 그리 기분 좋은 일은 아니었지만요. 아프지 않아요?"

"사실 인간이었을 때 감각이 남아 있기는 해. 그러니까 아무것도 못 느끼는 건 아니야."

"어쩌면 좋아! 역시 그런 거였군요!"

"하지만 괜찮아. 이건 내게 주어진 벌이니까. 물론 이런다고 내가 지은 죄가 줄어들지는 않겠지만. 그보다 아이 엄마가 너무 불쌍해서 이렇게라도 도와주고 싶었어. 병든 아이를 돌보며 삯바느질을 하느라 손이 온통 상처투성이인 데다가 아이 치료비를 벌기 위해 매일 밤늦게까지 일하고 녹초가 되어서는 끙끙 앓는 아이 옆에서 기절하듯 잠이 들더라고. 그런 모자를 도저히 그냥 내버려 둘 수가 없었어."

"흐응, 잘 알지도 못하는 사람들을 그렇게까지 마음 쓸 필요는 없을 것 같은데요. 왕자님은 사람이 좋달까 오지랖이 넓은 것 같네요."

"그러는 제비 너도 고열에 시달리며 뒤척이는 아이에게 열심히 날개로 부채질을 해 주던데."

내일 죽는 행복한 왕자

"봤어요?! 왕자님이 잘못 본 거예요! 아이들은 저한테 돌이나 던지고 정말 딱 질색이라고요!"

당황해서 날개를 파닥이며 변명하는 제비를 보고 왕자가 웃었다.

"그나저나 너는 왜 내 어깨에 내려앉은 거니? 네가 오기 조금 전에 수많은 제비들이 남쪽 하늘로 날아가는 걸 봤어. 그들을 따라갔으면 좋았을 텐데."

"원래는 그럴 생각이었는데 문득 하늘에서 아래쪽을 내려다보니 왕자님이 홀로 우두커니 서 있는 게 보이더라고요. 굉장히 외로워 보였어요. 마침 저도 외롭던 터라 괜히 신경이 쓰이더라고요. 설마 동상과 대화를 나눌 수 있을 줄은 몰랐지만요."

"외롭다니? 너한테는 많은 친구들이 있잖아. 지금이라도 남쪽으로 날아가면 제비 떼를 만날 수 있을걸."

"맞아요. 하지만 그래도 전 늘 외로웠어요. 누구와 함께 있어도 가슴 한구석에 구멍이 뚫린 것처럼 마음이 공허했어요. 갈대랑 사랑도 해 봤지만 그것도 제 마음을 채워 주지는 못하더라고요. 아마 그래서 저처럼 외로워 보이는 왕자님을 보고… 그냥 내버려 둘 수가 없었던 것 같아요."

"아아, 동병상련이었던 거네."

왕자가 쿡쿡 웃었다. 제비는 얼굴이 새빨개져서 그런 게 아니라고 부정했다.

"고맙구나, 마음씨 고운 제비야. 네 덕분에 정말 즐거웠어. 이제 슬슬 가 봐야 하지 않니?"

"음… 겨울이 오려면 아직 좀 남았으니 여기서 하룻밤만 더 자고 갈까 해요."

"그럴래? 잘됐다. 그럼 내 부탁 하나만 더 들어줄 수 있을까?"

"뭔데요? 제가 할 수 있는 거라면요."

"내 왼쪽 눈에 박힌 사파이어도 전달해 줬으면 해."

"무슨 말이에요? 그랬다가는 더 이상 앞을 못 보게 되잖아요."

"응, 그래도 상관없어."

"싫어요. 그런 부탁은 들어줄 수 없어요."

"그러지 말고 내 얘기를 들어 보렴. 저기 광장에서 성냥을 파는 소녀가 있어. 그런데 아까 성냥을 도랑에 빠트리는 바람에 성냥이 다 젖어서 팔 수 없게 되었어. 이대로 빈손으로 집에 돌아갔다가는 아버지한테 두드려 맞을 거야. 저 아이도 그걸 아니까 저기 계속 쪼그려 앉아서 울고 있는 거야. 이렇게 추운데 신발도 양말도 신지 않은 채 맨발로 말이야. 그러니 부디 내 남은 한쪽 눈을 꺼내서 저 아이에게 가져다줬으면 해."

"…그런다고 해서 뭐가 달라지는데요? 어차피 저 소녀의 아버지라는 사람은 자기 아이를 때리는 쓰레기잖아요. 보석도 자기가 팔아 치워서 술이나 사 마시겠죠. 이런 말 듣기 싫겠지만 제가 보기에는 그냥 왕자님의 자기만족 같은데요."

"그렇다고 해서 아무것도 하지 않을 수는 없잖아. 무엇이 정답인지는 알 수 없어. 그리고 내가 한 선택을 돌이킬 수도 없어. 좋은 뜻으로 한 일이 나쁜 결과로 이어질 수도 있겠지. 나중에 땅을 치고 후회할지도 몰라. 하지만 그렇게 되더라도 지금 울고 있는 저 아이에게 무언가 해 주고 싶어. 내가 줄 수 있는 것을 나눠 주고 싶어. 부탁이야, 제비야. 제발 이번 한 번만 도와줘."

"대체 왜 그렇게까지 해서 사람들을 돕고 싶어 하는지 이해를 못 하겠네요. 아무튼 알겠어요. 정말 이번 한 번만이에요. 사람 좋고 오지랖 넓은 왕자님."

한 시간 후, 제비는 왕자의 심부름을 마치고 돌아왔다.

"다녀왔습니다, 왕자님. 좀 어때요? 아프지 않아요?"

"응, 그보다 그 소녀는 어떻게 되었니?"

"말씀하신 대로 전달하고 왔어요. 아이는 결국 아버지에게 두드려 맞았지만요."

"아니 왜?"

"아버지한테 사파이어에 대해서는 말하지 않았거든요. 집 옆에 있는 나무 아래 몰래 숨겨 두더라고요. 하지만 아이는 맞으면서도 울지 않았어요. 뭔가 희망을 발견한 듯한 강한 눈을 하고 있었어요. 미래가 어떻게 될지는 모르겠지만 적어도 아이의 눈물을 멈추게 하는 데에는 성공한 것 같아요."

"아아… 고맙다. 정말 고마워…."

왕자는 문득 뭔가 이상하다는 느낌이 들었다. 제비의 목소리가 평소와 좀 다른 것 같았다.

"어? 제비야, 너 혹시 다쳤니?"

"아, 어린애를 하도 때리길래 너무 화가 나서 방 안으로 쳐들어가 난리를 좀 피웠거든요. 그 과정에서 여기저기 좀 부딪히긴 했는데 괜찮아요. 아니, 지금 남 걱정할 때예요? 이제 두 번 다시 앞을 볼 수 없게 되었다고요."

"난 괜찮아. 허세가 아니라 정말로. 하이데거도 이렇게 말했다더라."

"하이데거? 그게 누군데요?"

"한평생 '존재란 무엇인가'를 연구했던 철학가인데 그런 그도 말년에는 존재의 정체를 밝히려고 한 것 자체가 잘못이었다는 생각을 하게 되었다고 해."

"흐응, 존재가 뭔지는 잘 모르겠지만 아무튼 그 사람은 존재에 대해 열심히 연구했다는 말이잖아요? 그렇다면 자기가 연구하는 주제의 정체를 밝히려고 하는 건 당연한 거 아닌가요?"

"그렇긴 한데 '밝힌다'라는 말은 좀 너무 폭력적이고 지배적인 느낌이 들지 않니? 감추어진 대상의 베일을 벗겨내어 그 속을 똑똑히 들여다보고야 말겠다는 자세, 하이데거는 이런 '시각적인 태도'가 오만하고 잘못되었다고 반성했어. 무언가에 대해 알고자 할 때 그 대상을 자기와는 다른 존재라고 보고 일방적으로 관찰하려는 방식으로는 결코 진실에 다다를 수 없다. 중요한 것은 '시각적인 태도'가 아니라 '청각적인 태도', 그러니까 보다 수동적으로, 귀담아 들으려는 자세로 임해야만 진실에 가까이 다가설 수 있다고 본 거지."

"어려워! 무슨 말인지 하나도 모르겠으니까 그냥 제 느낌을 말할게요. 제가 보기에는 맞는 말 같아요. 힘들어하는 사람, 어려움에 처한 사람을 외부에서 관찰하며 이게 문제다, 아니다 저게 문제다, 라고 판단을 내리는 게 반드시 의미 있는 일 같아 보이지는 않거든요. 그보다는 겸허한 자세로 그 사람이 하는 말을 귀 기울여 듣는 게 더 중요한 것 같아요. 그렇게 해야만 비로소 진실을 알아낼 수 있지 않을까요?"

"대단하구나, 제비야. 네가 나보다 철학을 더 잘 아는 것 같다."

"에헴! 그래서 그 하이데거라는 사람은 결국 어떻게 됐는데요?"

"그 후로도 연구를 계속했지만 최종적으로는 '존재'라는 말을 사용해서 논하는 것 자체가 잘못되었다고 생각해서 글을 쓸 때도 '존재'라는 글자에 가위표를 하게 되었다고 해."

"그게 뭐예요! 정말 뭐 하자는 건지 모르겠네요. 그나저나 왕자님 눈 이야기를 하고 있었는데 어쩌다 여기까지 오게 된 거죠?"

"아, 그렇지. 그러니까 내 말은 시각적인 인식이 전부는 아니니까 눈이 보이지 않아도 괜찮다는 거야. 아니, 오히려 기뻐. 드디어 같아졌으니까. 물론 이것도 다 자기만족일 뿐이지만 이로써 조금은 마음이 가벼워졌어."

"하이데거와 같은 경지에 올랐다는 건가요? 무슨 말인지 잘 모르겠지만 일단 오늘은 너무 지쳤으니 하루만 더 머물다 갈게요."

이튿날 아침에 눈을 뜬 제비가 말했다.

"좋은 생각이 났어요. 제가 왕자님의 눈이 되어 드릴게요."

"그게 갑자기 무슨 소리야?"

"여기서 조금만 더 머물기로 했어요. 왕자님의 보석을 받은 사람들이 그걸 가지고 뭘 할지 궁금하잖아요. 산책 겸 한번 둘러보고 올게요."

그리하여 제비가 시가지 상공을 날아다니며 보고 들은 내용을 왕자에게 전하는 나날이 시작되었다. 마을에는 생각보다 가난한 사람이 많았다. 그들의 이야기를 들을 때마다 왕자는 눈물을 흘리며 제비에게 부탁했다.

내일 죽는 행복한 왕자

"제비야, 내 몸에 덮인 금박을 벗겨 내어 그 사람들에게 가져다주지 않겠니?"

"얼마든지요."

제비는 왕자가 시키는 대로 왕자의 몸에서 벗겨 낸 금박을 입에 물고 날아가 사람들에게 전달했다.

"이걸로 빵을 사 먹을 수 있겠어."

사람들은 갑자기 하늘에서 떨어져 내린 금을 주우며 기뻐했다. 하지만 그 일을 반복하다 보니 왕자의 몸을 덮고 있던 금박은 빠르게 줄어들었고, 급기야 금박이 다 사라져 온몸이 새까만 고철 덩어리가 되어 버렸다.

그러던 어느 날, 큰비가 내렸다. 빗물은 칠이 벗겨져 속이 다 드러난 동상에 스며들었고, 왕자의 몸을 천천히 좀먹어 들어가기 시작했다.

"왕자님, 괜찮으세요?"

"괜찮아. 하지만 이 몸으로는 그리 오래 버티지는 못할 것 같구나."

"……"

"괜찮아. 내가 이렇게 하고 싶어서 한 거니까. 나는 지금 정말 행복하단다. 다 제비 네 덕분이야. 그나저나 너도 슬슬 남쪽으로 출발해야지. 더 늦으면 추위로 몸을 움직이지 못하게 될 거야."

"네…. 안 그래도 저도 그 생각을 하고 있었어요. …아, 그러고 보니 재미있는 이야기를 들었어요. 대신 기억해요? 그 사람, 왕자님 동상을 만드는 데 사용될 예정이었던 금괴를 몰래 빼돌린 게 발각되어서 지명수배 중이래요. 재산은 몰수당했고, 본인은 은신처에 숨어서 벌벌 떨고 있어요. 쌤통이죠? 제가 사람들 머리 위를 날아다니면서 대신이 어디 숨어 있는지 모두에게 알려 줄까 봐요."

"제비야, 부탁이 있는데."

"어? 또 금을 가져다주라고요? 이제 남은 건 신발 뒷굽에 붙은 아주 작은 한 조각뿐이에요. 이게 마지막이 되겠네요. 누구한테 가져다줄까요?"

"대신에게 전해 주었으면 해."

"대신이라고요? 대체 왜요? 그 사람이 부정을 저지르는 바람에 왕자님 몸이 이 지경이 된 거라고요!"

"괜찮아. 내가 대신한테 신세를 많이 졌거든. 만약 대신이 붙잡혀서 사형을 당하기라도 한다면 충격 때문에 심장이 부서져 버릴지도 몰라. 게다가 대신은 내 대부이기도 하고."

"왕자님은 정말 사람이 너무 착하다고요."

"부탁할게, 제비야. 대신이라면 이 금을 사용해서 무사히 도망칠 수 있을 거야."

내일 죽는 행복한 왕자

"알았어요. 그렇게 할게요."

제비는 한숨을 내쉬며 마지막 금 조각을 물고 날아올랐다.

그로부터 얼마 지나지 않아 본격적인 겨울이 시작되었다. 하지만 제비는 "하룻밤만 더"를 반복하며 왕자의 곁에 계속 머물렀다.

"왕자님, 이야기를 들려주세요."

"음, 뭐가 좋을까…. 내가 인간이었을 때 배운 것을 제비 너한테도 알려 주고 싶구나."

"또 하이데거예요? 어려운 이야기는 사양할래요. 그보다 왕자님이 어떻게 살아왔는지가 궁금해요."

"형편없는 인생이었어. 들어 봤자 기분만 나빠질 거야."

"그래도 듣고 싶어요!"

다음 날 아침이 되었다.

"전에 그 삯바느질하는 아이 엄마 말이에요, 아이가 학교에 가게 되었다고 기뻐하고 있었어요. 아이는 장차 극작가가 되고 싶대요. 우리 얘기를 작품으로 만들겠다고 하더라고요."

"오, 멋진데? 어떤 작품이 탄생하려나. 어쩌면 역사에 남을 대작가가 될지도 모르겠다."

그 다음 날 아침이 되었다.

"그러고 보니 대신 말이에요, 제가 가져다준 금을 뇌물로 써서 무사히 국외로 도망친 것 같아요."

"잘됐다. 대신이라면 어디서든 잘 살아갈 수 있을 거야."

"얼간이지만 생활력은 강한 것 같으니까요. 외외로 외국에서 성공해서 떵떵거리며 살게 될지도 모르죠."

또 그 다음 날 아침이 되었다.

"왕자님, 광장에 있던 성냥팔이 소녀 기억하세요? 그때 왕자님께 받은 사파이어로 갱단에게 돈을 지불하고 어른이 될 때까지 자기를 지켜 달라고 했대요."

"갱단이라면 나쁜 사람들이잖아. 괜찮을까?"

"어린애가 배짱이 있다고 좋아하더래요. 잔금은 무사히 어른이 되고 나면 치르겠다고 했다네요. 머리도 좋다고 갱들이 감탄했다는데요? 제 생각에 그 아이는 분명 커서 대단한 사람이 될 거예요."

왕자와 제비의 즐거운 나날이 이어졌다. 이곳에 계속 머무른다는 것은 제비에게 결코 좋은 일이 아니었지만, 제비의 마음은 한없이 따스하고 충만했다. 하지만 그런 제비도 하늘에서 내려온 흰 눈을 보았을 때는 그만 마음이 약해지고 말았다.

"왕자님, 저 무서워요. 죽는 게 무서워요. 죽음의 순간이 오면 저는 어떻게 되는 걸까요? 죽는다는 건 죽을 만큼 아프겠죠? 죽을 만큼 고통스럽겠죠? 죽을 만큼 외롭겠죠? 그 순간에도 저는 저일 수 있을까요? 너무 아파서 지금까지 살아온 것, 지금까지 해

내일 죽는 행복한 왕자

온 일을 전부 부정하고 싶어질지도 몰라요. 너무 고통스러워서 차라리 당신을 만나지 않았더라면 좋았을 거라고 심한 말을 할지도 몰라요. 마지막 순간에 제 인생을 부정하게 될까 봐 너무 무서워요. 여태껏 아등바등 열심히 살았는데 마지막 순간에 '태어나지 않았더라면 좋았을걸' 하고 후회한다면 제 인생은 아무런 의미도 가치도 없었다는 말이 되잖아요. 그게 너무 슬퍼요."

"제비야…. 나도 무섭단다. 나도 어쩌면 죽기 직전에 손바닥 뒤집듯 마음이 바뀔지도 몰라. 사람들에게 아무것도 나눠주지 않았으면 좋았을 텐데, 제비 너를 만나지 않았더라면 좋았을 텐데, 하고 후회할지도 몰라. 하지만 이걸 반대로 생각하면 인생의 의미와 가치는 죽을 때까지 확정되지 않는다는 말이 되잖아. 즉 아무리 행복한 인생이었더라도, 반대로 아무리 비참한 인생이었더라도, 죽음의 순간에 어떻게 행동하느냐에 따라 인생의 의미와 가치가 완전히 달라질 수도 있다는 거지. 물론 무서운 일이기는 하지만 그렇기에 인간은 최후의 순간까지 나답게 살기를 바라게 되는 게 아닐까? 죽음이라는 끝이 있기에 비로소 나다운 삶을 마주할 수 있는 게 아닌가 싶어."

다음 날 아침이 밝았다.

서리가 내리고, 집집마다 수정처럼 기다란 고드름이 지붕 밑에 매달리기 시작했다. 왕자의 몸에는 여기저기 금이 갔고, 그 틈 사이로 들어간 물이 얼어서 틈이 더 벌어지고 있었다. 제비도 쇠약해져서 이제는 날갯짓할 힘도 남아 있지 않았다.

"왕자님…, 오늘은 뭘 할까요? 제가 해드릴 일 없나요? 대신 가서 확인해 줬으면 하는 거라든지…."

"고맙구나, 제비야…. 하지만 괜찮아. 오늘은 아무것도 안 해도 된단다."

"흐응…."

"아야! 갑자기 왜 쪼는 거야?"

"솔직하게 말해 주지 않는 게 얄미워서요…."

"그럼… 옆에 있어 줄래…?"

"좋아요…. 하룻밤만 더 옆에 있어 드릴게요."

— 그리고 마침내 때가 왔다.

왕자의 몸에서 쩍쩍 금이 가는 소리가 들리는가 싶더니 온몸이 찢기는 듯한 고통이 엄습했다. 왕자는 죽음을 각오했다. 어깨에 제비의 무게가 느껴졌다. 결국 마지막까지 함께하게 만든 것이 미안했다. 죽는 것은 무서웠지만, 제비와 함께라면 그리 나쁘지만도 않다는 생각이 들었다.

하지만.

"미안해요. 이제 한계인 것 같아요. 작별 인사를 해야 하는데…."

내일 죽는 행복한 왕자

갑자기 날개를 파닥이는 소리가 들렸다. 다음 순간, 어깨가 가벼워졌다.

버림받았다….

왕자는 절망에 사로잡혔다.

슬픔, 분노, 질투. 온갖 부정적인 감정들이 소용돌이처럼 휘몰아치며 가슴속을 마구 헤집었다.

자기만 살겠다는 건가!

기다려! 기다려 줘! 제발 가지 마!

이게 정말 마지막 부탁이다!

제발 부탁이니 나를 혼자 남겨두지 말아 줘!

그렇게 외치려고 했다. 그때 가슴 안쪽에서 뭔가 소리가 들린 듯한 기분이 들었다. 동시에 가까이에서 제비가 힘겹게 파닥파닥 날갯짓하는 소리가 들렸다.

왕자는 크게 외쳤다.

"제비야, 힘내렴! 가라! 어서 가! 그대로 따뜻한 남쪽을 향해 날아가는 거야!"

제비는 왕자의 응원에 힘을 얻었는지 필사적으로 날개를 파닥이며 하늘 높이 날아올랐다. 그러다가 갑자기 빙글 돌아 방향을 바꾸었다. 제비가 향하는 곳은 남쪽이 아니라 왕자가 있는 쪽이었다. 그 사실을 알지 못하는 왕자는 계속 소리쳤다.

"힘내! 친구들이 너를 기다리고 있을 거야! 그러니까 어서 따뜻한 곳으로 가! 거기서… 거기서 행복해지렴…! 부디 행복하게…."

왕자는 말을 맺지 못했다. 제비가 왕자의 입술에 키스했기 때문이다.

제비가 말했다.

"함께 지내 줘서 고마워요.

마지막까지 옆에 있어 줘서 고마워요.

최고로 행복한 인생이었어요.

…사랑해요, 오르카."

말을 마친 제비는 왕자의 발치에 툭 떨어져서 더 이상 움직이지 않았다.

극심한 겨울 한파가 매섭게 휘몰아치는 가운데 왕자는 생각했다.

더 이상은 바랄 게 없다!

더 바랄 게 뭐가 있단 말인가!

정말이다, 정말이었다!

인생은 끝날 때까지 끝난 게 아니다!

인생이라는 것은 정말로 어떤 일이 일어날지 마지막까지 모르는 거다!

죄 많은 내게 이런 구원이 찾아오다니….

그때 왕자의 가슴에서 둔탁한 소리가 났다. 납으로 된 심장이 갈라지는 소리였다.

다음 순간, 왕자의 몸이 서서히 무너져 내리더니 그대로 땅에 떨어져 산산이 부서져 버렸다.

에필로그

― 그것은 인간이 사는 세계와는 다른, 천국이라고 불리는 곳
에서 생긴 일이었다.

신은 어떤 중대한 결단을 내리기 위해 천사들과 논의 중이었다.
의제는 '세계는 존재해야 하는가'라는 것이었다.

한 천사가 말했다.

"세계를 지배하고 있는 인간들의 전횡과 포악이 도를 넘었습니
다. 인간들은 뛰어난 지식을 바탕으로 과학이라는 기술을 발전시
켰지만 여전히 서로를 미워하고 증오하며 전쟁을 일삼고 있습니
다. 모든 살아 있는 것들의 역사를 통틀어 이보다 더 어리석은 생

명체는 본 적이 없습니다."

다른 천사가 말했다.

"저도 이 의견에 동의합니다. 하지만 그 전에 '존재해야 하는가'
의 기준이 무엇인지 확실히 해 둘 필요가 있을 것 같습니다. 저는
'가치가 있는가'를 기준으로 삼아야 한다고 생각합니다만 어떠신
지요?"

신은 대답했다.

"가치가 있으니 존재하는 것이고, 가치가 없다면 존재할 필요가
없다. 과연 나름대로 일리가 있는 말이로다. 그렇다면 천사들이여,
'가치가 있다'라는 것은 무엇을 뜻하는가?"

그 말에 천사들은 저마다 의견을 내놓기 시작했다. 밤낮을 가
리지 않고 논의를 거듭한 결과, 가치란 '존엄함과 아름다움'이라
는 결론에 도달했다.

신은 천사들에게 명했다. 세상에 존재하는 '존엄함과 아름다움'
을 찾아오라고.

천사들은 인간 세상에 내려가서 각자가 생각하는 '존엄함과 아
름다움'을 찾아와 신에게 바쳤다.

"신이시여, 이건 어떻습니까? 칼과 총, 적대하는 자를 순식간에
고깃덩어리로 만들어 버릴 수 있는 무기입니다. 압도적인 강함이
야말로 진정한 아름다움이라고 할 수 있지 않겠습니까?"

내일 죽는 행복한 왕자

신은 고개를 저으며 부정의 의사를 밝혔다.

"제가 찾아온 것은 세계 제일의 부자가 가지고 있던 보물입니다. 여기 산더미처럼 쌓인 이 보석들을 좀 보십시오. 반짝반짝 눈부시게 빛나는 것이 정말로 아름답지 않습니까? 게다가 이것은 매우 귀한 보석이라서 인간 세계에서는 이것만 있으면 무엇으로든 교환할 수 있다고 합니다. 역시 부유함이 곧 존엄함과 아름다움 아니겠습니까?"

신은 다시금 고개를 저었다.

천사들은 세상을 뒤져서 찾아온 아름다운 것들을 차례대로 내놓았지만, 신이 고개를 끄덕이는 일은 없었다. 풀이 죽은 천사들을 보고 우두머리격인 천사가 나섰다.

"저희는 세상 구석구석을 샅샅이 뒤졌습니다만 안타깝게도 신께서 만족하실 만한 '존엄함과 아름다움'을 갖춘 물건은 찾지 못했습니다. 즉 세상은 신께 가치 있는 대상이 아니었다는 말입니다. 이로써 결론이 났습니다. 지금 당장 세상을 파괴하고 모든 존재를 소멸시키시지요."

천사의 제안에 신이 고개를 끄덕이려는 순간, 조금 전에 막 인간 세상에서 돌아온 천사가 헐레벌떡 앞으로 나왔다.

"잠시만요. 제가 찾았습니다."

죽음을 관장하는 천사였다.

"저기 있습니다."

천사가 손가락으로 하늘 저편을 가리켰다. 신과 다른 천사들은 천리안 능력을 사용해서 손가락이 가리키는 방향을 내다보았다.

작은 마을의 쓰레기장이었다. 그곳에는 차갑게 식어 꼼짝도 하지 않는 제비의 사체와 칠이 다 벗겨진 인간의 동상이 버려져 있었다. 제비는 꽤나 높은 곳에서 떨어졌는지 날개가 온통 피투성이였다. 한편 고철 덩어리로밖에 보이지 않는 낡은 동상은 심하게 훼손되어 원형을 알아보기 힘들 정도였고, 유일하게 남은 납으로 된 심장도 반으로 갈라져 있었다.

"무슨 말을 하는 건가? 이건 그냥 쓰레기이지 않은가."

우두머리 천사가 모두를 대표해 묻자 죽음을 관장하는 천사는 자신에 찬 목소리로 단언했다.

"이것이 존엄함과 아름다움입니다."

그 말을 듣고 주위에 있는 천사들은 모두 실소를 금치 못했다. 개중에는 신 앞에서 그게 무슨 말도 안 되는 소리냐며 화를 내는 천사도 있었다.

옥신각신하는 천사들을 내버려 둔 채 신은 천천히 자리에서 일어나 비틀비틀 앞으로 걸어갔다. 그러고는 손을 뻗어 죽은 제비와 납으로 된 심장을 집어 들더니 가슴에 꼭 껴안고 큰 소리로 엉엉 울기 시작했다.

"드디어 찾았구나! 이것이야말로 세상에서 가장 존엄하고 아름다운 것이다!"

천사들은 놀랐지만 신의 말을 의심하는 자는 없었다. 일순간에 주위가 조용해졌다. 모두가 제비와 동상을 향해 무릎을 꿇고 경의를 표하는 노래를 부르기 시작했다.

천사들의 노랫소리가 울려 퍼지는 가운데 우두머리 천사가 신께 진언했다.

"오오, 신이시여. 존엄하고 아름다운 것을 무사히 찾았으니 이보다 더 기쁜 일은 없을 것입니다. 그럼 세상에서 이 두 가지만 남기고 나머지는 없애 버리면 되겠습니까?"

죽음을 관장하는 천사가 끼어들어 대신 대답했다.

"안 됩니다."

신을 향한 질문에 일개 천사가 끼어드는 것은 결코 있을 수 없는 일이었지만, 신은 관대한 표정으로 잠자코 지켜볼 뿐이었다. 죽음을 관장하는 천사는 바닥에 엎드려 침착하고 온화한 말투로 말을 이었다.

"경애하는 주여, 이미 잘 알고 계시겠지만 이들의 존엄함과 아름다움은 물질로서 가지고 있는 특성이 아닙니다. 왕자와 제비의 마음에서부터 우러나온 것입니다.

왕자와 제비는 시간의 유한성을 깨닫고, 서로의 존재를 무엇과도 바꿀 수 없다는 사실을 깨달았습니다. 서로를 아끼고 생각하는 마음과 그들의 삶 자체가 이러한 존엄함과 아름다움을 만들어 낸 것입니다.

인간이 어리석은 것은 사실입니다. 인간은 별을 오염시키고, 타인을 상처입히고, 참혹한 전쟁을 반복해 왔습니다. 또 인간은 자기 이외의 타자를 도구로 인식해서 자신의 목적을 이루기 위한 수단으로 삼는 자기중심적인 존재이기도 합니다. 하지만 그것은 동시에 인간이 존재하기 위해서는 타자와의 교류를 필요로 한다는 것을 의미하기도 합니다. 그런 인간이 자신의 죽음을 깨닫고 타자의 죽음을 깨달으면 그들은 서로를 가엾게 여기고 배려하게 됩니다. 각자의 삶에 고유한 가치가 있는지를 묻고, 존재의 의미를 찾고자 합니다. 저는 이것이야말로 존엄함과 아름다움의 정체라고 생각합니다. 인간이 추하고 어리석다는 것은 부정할 수 없는 사실이지만, 존엄함과 아름다움을 만들어 낼 수 있는 것 역시 죽음이라는 운명에서 벗어날 수 없는 인간뿐인 것입니다!

그러니 부디 조금만 더 지켜봐 주시기 바랍니다. 왕자와 제비의 이야기는 전 세계 방방곡곡에 전해질 것입니다. 왕자와 제비의 삶에 감동해서 눈물 흘리는 인간들이 있는 한 희망은 있다고 봅니다.

그러다 보면 언젠가 인간들이 깨닫는 날이 올 것입니다.

자신이 무엇으로도 대신할 수 없는 존재임을!

눈앞에 있는 타자 역시 무엇으로도 대신할 수 없는 존재임을!

지금 자신이 사는 세상이 무엇과도 바꿀 수 없는 장소임을!

인간 본래의 삶을!

자기 안에서 들려오는 양심이 부르는 소리를!

아아, 그러니 주여, 사랑하는 주여, 부디 인간들에게 조금만 더 '존재와 시간'을 허락하여 주시기를 간곡히 부탁드리는 바입니다."

그 말에 신은 고개를 끄덕였고, 천사들은 축복의 노래를 불렀다.

옮긴이 **남소현**

연세대학교와 이화여자대학교 통역번역대학원에서 공부하였고, 일본 문학 번역가로 활동하고 있다. 번역작으로 《형사의 약속》, 《여섯 명의 거짓말쟁이 대학생》, 《설원》, 《기묘한 괴담 하우스》, 《형사 변호인》, 《녹색의 나의 집》, 《죄의 경계》, 《그리움을 요리하는 심야식당》, 《의대 9수를 시킨 엄마를 죽였습니다》 등이 있다.

내일 죽는
행복한 왕자

초판 1쇄 2025년 1월 17일
저자 야무차
옮긴이 남소현
편집 김대웅 **디자인** 배석현
ISBN 979-11-93324-41-7   03160

발행인 아이아키텍트 주식회사
출판브랜드 북플라자
주소 서울시 강남구 학동로 329 북플라자 타워
홈페이지 www.bookplaza.co.kr

오탈자 제보 등 기타 문의사항은 book.plaza@hanmail.net으로 보내주세요.
잘못된 책은 구입하신 서점에서 교환해 드립니다.